Arabien

V.A. Emirate · Oman · Kuwait · Qatar · Bahrain

Michel Rauch (Text) · Markus Heimbach (Fotos)

Eine Reise durch die Jahrhunderte

Gr. Foto: Skyline am Dubai Creek. Kl. Foto: im Souk von Nizwa im Oman.

Eine Tour über die Arabische Halbinsel, durch Kuwait, Qatar, Bahrain, die Vereinigten Arabischen Emirate und den Oman, gleicht einer Zeitreise durch die Jahrhunderte. Der Erdölboom hat unglaublichen Reichtum gebracht, die Sheikhs und Beduinen in wenigen Jahrzehnten in die Gegenwart katapultiert. Trotzdem besteht überraschend reibungslos Moderne neben Tradition, erhalten sich alte Lebensstile in Hightech-Metropolen. Und Arabien will mit Business und Tourismus Anschluss an die Zukunft halten, wenn das schwarze Gold versiegt ist.

6

Arabien öffnet sich. Nicht nur für Geschäftsleute. Auch für Touristen wird es immer einfacher, die »kleinen Golfstaaten« – Kuwait, Qatar, Bahrain, die Vereinigten Arabischen Emirate und selbst den Oman zu erkunden, Letzterer ein Neuling unter den Reiseländern und dazu ein besonders reizvoller.

Moscheen für Allah in Ras al-Khaimah

Zudem reist es sich am besten in die Region, wenn es zwischen Oktober und April in Mitteleuropa eher unwirtlich und kalt ist. Im brütend heißen Sommer Arabiens, dem jeder zu entfliehen sucht, macht der Golf wenig Spaß.

Arabien zwischen Ölmilliarden und Traditionen

Was die Reisenden erwartet, übersteigt die gängigen Klischees und Vorstellungen vom Orient: Gewiss, Arabien ist der Duft von Weihrauch und Myrrhe, der Geschmack von Kaffee mit Kardamom und Rosenwasser, das ist die Wüste, die den mächtigen Islam hervorbrachte, zu dem sich alle Araber in einer Sprache bekennen. Arabien ist aber auch Reichtum: Aus den Tiefen der Wüste und des Meeres fördert man seit den 1930er-Jahren Erdöl, das den Staaten am Golf erheblichen Wohlstand bescherte, selbst den Ländern, die nur wenig vom schwarzen Gold in ihrem Untergrund finden. Sie werden mit Milliarden-Zahlungen von ihren reichen Nachbarn subventioniert. Damit enden jedoch schon fast die Gemeinsamkeiten der verschiedenen

Scheichtümer, Emirate und Sultanate, die es schon als Erfolg des GCC, des Golf-Kooperationsvertrages, feiern, dass man – als GCC-Bewohner – mit dem eigenen Auto von einem Land ins andere fahren darf. Immerhin: Nach dem Vorbild der EU und um den Forderungen der Welthandelsorganisation WTO zu genügen, der außer Oman und Saudi-Arabien alle Staaten der Arabischen Halbinsel angehören, einigte man sich sogar auf gemeinsame Zolltarife.

Europäische Reisende aller Epochen waren begeistert von dem fernen Arabien: Marco Polo im 13. Jahrhundert, Vasco da Gama im 15., der dänische Forscher Carsten Niebuhr im 18., der Engländer Wilfred Thesiger im 20. Thesiger, seine Bücher sind Pflicht-Lektüre für Arabien-Liebhaber, bereiste als einer der ersten Europäer in den 1940er-Jahren, oft unter Lebensgefahr, den Oman und dort auch das schwer zugängliche Hinterland.

Vielfältig präsentiert sich die Natur am Golf: Fjorde wie in Norwegen im Norden des Oman, windige Nebel- und Regenzonen im Monsunstreifen des

General Market in Sharjah   Abend am Creek in Dubai (unten)

Nach dem Rückzug der Briten aus der Region 1971 entstanden die Vereinigten Arabischen Emirate (VAE), eine Föderation aus den sieben Scheichtümern Abu Dhabi, Dubai, Sharjah, Fujairah, Ras al-Khaimah, Ajman und Umm al-Qaiwain. Regiert wird die VAE vom »Rat der Herrscher«, dem alle Staatsoberhäupter angehören, Präsident ist grundsätzlich der Emir von Abu Dhabi, dem mit Abstand größten Scheichtum. Innenpolitisch ist jedes Emirat autonom. Touristisch und ökonomisch von Bedeutung sind nur vier Emirate. Dubai hat sich zum wichtigsten Urlaubsziel und zum Handelsknotenpunkt der Region entwickelt. Abu Dhabi ist durch die Ölmilliarden zum »Manhattan in der Wüste« geworden. Als heimliche Kulturhauptstadt des Staatenbundes gilt Sharjah. Fujairah bietet eine spektakuläre Gebirgsszenerie.

Den Creek von Dubai überquert man am schnellsten mit dem Wassertaxi, den Abras

Dubai: Im Zentrum jeder arabischen Stadt steht eine Moschee

Südens, Mangrovenhaine an der Küste, Wildwasser-Wadis, Wasserfälle und natürliche Pools im Emirat Fujairah, Beobachtungsstationen für Ornithologen und Naturfreunde in Dubai und Bahrain, blühende Oasen nahe Abu Dhabi. Eine Wüste gibt es auch: Im Oman erstreckt sich das Dünenmeer der Ramlat al-Wahiba über fast 15 000 Quadratkilometer.

Auch die Tierwelt ist überraschend und vielfältig: Flamingos, Delfine, Meeresschildkröten, Oryx-Antilopen – das alles gehört zu Arabien wie Araberpferd, Falke und Kamel. Die Oryx-Antilope ist nebenbei ein gutes Beispiel für Fluch und Segen des plötzlichen Reichtums, mit dem sich Menschen konfrontiert sahen, die eine Generation zuvor noch meist in Zelten oder windschiefen Hütten gelebt und nach Stammesrecht und Tradition den Alltag organisiert hatten.

Mit dem plötzlichen Reichtum wurde alles möglich, auch die hemmungslose

Bauboom auch in Qatars Hauptstadt Doha: Die Golfregion ist immerwährende Baustelle

Hubschrauber-Hetzjagd auf Oryxe. In wenigen Jahren war der natürliche Bestand auf ein artgefährdendes Maß reduziert. Aber für diese Fälle hatte man dann auch das nötige Kleingeld parat, um die westlichen Spezialisten anzuheuern, die aus einer kleinen Restherde später wieder frei lebende Oryx-Populationen züchten konnten. Aus dem angerichteten Schaden wurde man klüger. Größtes Augenmerk legt man heute auf Naturreservate und Umweltschutz.

Überall stoßen Moderne und Tradition aufeinander

Altes und Neues überlappen sich in den Golfstaaten, manchmal als gelungene Symbiose, manchmal skurril anmutend. In den modernen Golf-Metropolen verbinden sich im Stil einer arabisierten Disneyworld alte Souk-Viertel mit Wolkenkratzer-Skylines zu einem kunterbunten Stadtbild von arabischem Barock und glitzernder Hightech-Moderne. Ein eigener Stil, ein eigener Geschmack.
Kontraste ohne Ende. Über das Meer gleiten Holz-Dhaus, die alten arabischen Küstenschoner, mit geblähten Segeln. Powerboote mit Hunderten von PS kreuzen dröhnend und immer wieder

Die Wassertürme von Kuwait sind das Wahrzeichen des Landes

aus dem Gleitflug aufs Meer krachend ihren Weg. In der abgelegensten Wüste und den ruhigsten Bergtälern wird man auf Beduinen stoßen, die ihre getunten Mercedeslimousinen auf Spezialkarosserien mit Lkw-Rädern haben bauen lassen, über Steppen preschen, an Dünen die Sandboards auspacken und im Slalom

den Hügel hinunter wedeln. Und am späten Nachmittag geht es zur Jagd mit nordeuropäischen Edelfalken, welche die heißen Sommer nur in klimatisierten Räumen überstehen.
Wer das große Geld hat, leistet sich Wohnpaläste, selbst fernab in der Wüste mit riesigen Swimmingpools –

verschnörkelte Kitschburgen im Sand. Vorbei ist die Zeit, als Umm Zaid, die Mutter des sechsten Kalifen, schwärmte: »Mein Zelt, durch das der Wind weht, ist lieblicher als ein prächtiges Schloss.« Nur mehr gelegentlich zieht es moderne Familien in die Wüste, nostalgische Ausflüge in die Zeit vor dem Ölboom, der alles veränderte.

Die Gesellschaften am Golf sind trotz des Sprungs in das 21. Jahrhundert noch tief verwurzelt in ihren beduinischen Strukturen. Hinüberretten will man das Konzept des Clans, aus dem jede Familie ihren Stellenwert definiert. Verwandte Clans wiederum summieren sich zum meistens sehr weitläufigen Stamm. Bis heute gebietet die Tradition, Söhne und Töchter bevorzugt innerhalb des Stammes zu verheiraten. Die Heirat, arrangiert

wie seit jeher, ist weniger Herzens-Angelegenheit des Paares als in erster Linie Familiensache und auch Grundlage oder Festschreibung gemeinsamer Geschäfte der beteiligten Familien.

Die Rolle der Frau ist vielfach noch reduziert auf Kinder, Küche und Haus, das traditionell aufgeteilt ist in Männer- und Frauenbereich. Aber mehr

Abendland überwunden werden: Das alte Europa unterwarf die Golfstaaten seit dem Mittelalter im Kampf um den sicheren Seeweg nach Indien, es betrieb in Gestalt der frühen Ölkonzerne kolonialistische Erdölausbeutung und hinterließ nach der Auflösung der britischen Protektorate willkürlich gezogene Grenzen, die bis heute Dauerkonflikte um

Fischer vor der abendlichen Skyline von Manama, der Hauptstadt von Bahrain

Moderne Moschee in Abu Dhabi

und mehr gesteht man auch Frauen Bildung und Beruf zu, vor allem in den gebildeten und gut situierten Schichten. Der Schleier symbolisiert längst nicht mehr überall die Isolation, die man ihm im Westen zuschreibt. Weibliche Reisende werden sich relativ leicht im Kontakt mit arabischen Frauen Einblick in ihre Welt verschaffen können.

Multikulti bedeutet in der Konsequenz am Golf, dass jede Kulturgruppe ihren eigenen Stil lebt, und man trifft sich letztendlich nur fürs Geschäft. Damit das überhaupt funktioniert, mussten aus historischer Sicht der Golfstaaten nicht nur alte Ressentiments gegenüber dem

Inseln und Wüstenstriche verursachen. Wirtschaftlich ist man am Golf in hohem Maß auf Ausländer als Gastarbeiter angewiesen; in Dubai stellen sie 85 Prozent der Bevölkerung. Man musste den heimischen Islam, der in allen Staaten Staatsreligion ist, harmonisieren mit den Kulturen und Glaubensrichtungen von Indern, Pakistanern, Filipinos, Europäern und Amerikanern.

Die islamischen Golfstaaten mussten sich fremden Kulturen öffnen

Der Islam, dem Propheten Mohammed im 7. Jahrhundert offenbart und festgeschrieben im Koran, aber unterteilt und zersplittert in weit mehr Strömungen als die grobe Einteilung in Sunniten und Schiiten vermuten lässt, beansprucht, das öffentliche und private Leben der Gläubigen bis ins Detail zu regeln. In den Golfstaaten wird sichtbar, wie schwierig es ist, diesem Anspruch in modernen Zeiten zu genügen.

Allzu leicht ist man dabei versucht, diese Leistung, die islamische Gesellschaft zu öffnen, daran zu messen, wie großzügig

Qatar, Bahrain und Kuwait – diese drei unabhängigen Scheichtümer im Norden verdanken ihre Existenz allein dem Erdöl. Doch in Bahrain ist das schwarze Gold schon fast versiegt, nun profiliert es sich als internationales Finanzzentrum. Qatar macht durch seine unabhängigen Medien und sein erfolgreiches Industrialisierungs-Programm von sich reden. Kuwait wird noch Jahrzehnte von den Ölmilliarden leben können.

Blick in den Betraum: Ein Moslem verneigt sich Richtung Mekka

Seit Jahrtausenden ist das Kamel der treue Wegbegleiter der Beduinen, manchmal begleitet es auch Touristen auf ihren Touren durch die Wahiba Sands

Die Wehranlagen von Fort Nakhl schließen ein Areal von 3400 Quadratmetern ein

Bilderbuch-Omani im Souk von Nizwa

manche Golfstaaten mit Alkohol umgehen, welchen pompösen und ausschweifenden Lebensstil viele Reiche pflegen. Beachtenswerter ist aber eher, dass die Sheikhs und Emire beispielsweise großzügig alle anderen Religionen zulassen, Kirchturm neben Moschee dulden, auch Hindus gewähren lassen und nicht, wie in Saudi-Arabien, Ausländer verfolgen und bestrafen, die ohnehin schon heimlich in ihren eigenen vier Wänden flüsternd eine Messe zelebrieren.

Über 5000 Jahre Geschichte haben in den Golfstaaten, die lange an den wichtigsten Handelsstraßen der Alten Welt lagen und durch regen Handel mit China und Indien damals reich geworden waren, wenig greifbare Spuren hinterlas-

sen. Es gibt einige archäologisch bedeutsame Ruinenfelder, Museen mit Funden bis zurück in die Bronzezeit, man entdeckt alte Forts und hört Sagen und Geschichten aus 1001 Nacht. Aber ansonsten ist es wie in den USA – was älter als 100 Jahre alt ist, gilt als »antik«.

Geblieben sind, in der Gegenwart sehr segensreich, die Engländer, aber nicht mehr als Kolonialherren, sondern – zusammen mit anderen Europäern und Amerikanern – als hoch dotierte Know-how-Vermittler und Manager für arabische und internationale Konzerne, wie man sie in Bahrain, Qatar oder Dubai, das sich anschickt das Hongkong des Nahen Ostens zu werden, zuhauf findet. »Alle Araber sind Kaufleute«, sagte schon Strabo, der griechische Geograf. Im Handel und Tourismus suchen die Golfstaaten höchst erfolgreich neue Einnahmequellen für den nicht mehr fernen Tag, an dem der letzte Tropfen Öl aus arabischer Erde gepumpt sein wird. Rundum entstehen rasant wachsende Freihandelszonen für internationale Firmen, haben bevorzugt in Bahrain Off-Shore-Banken ihr Nahostquartier aufgeschlagen.

Was die Touristen angeht, sucht man weniger den Rucksack-Reisenden als die betuchte Klientel. Für Budget-Traveller ist diese teure Region nicht die erste Adresse auf dem Globus.

Als Demokratie im westlichen Sinn kann man kein einziges Land im arabischen Nahen Osten bezeichnen. Die Golfstaaten sind aus Stammesgesellschaften entstanden, die in der Mehrzahl schon immer von dynastischen Nachfolgeregelungen und autokratischem Führungsstil gekennzeichnet gewesen sind.

Nur langsam fasst die Demokratie in der Region Fuß

Erst allmählich halten einige Herrscher die Zeit für reif, demokratische Elemente einzuführen. Das gibt es in Qatar zu beobachten, ebenso – in bescheidenerem Maße – in Kuwait, das 2005 das Wahlrecht für Frauen beschlossen hat. Seit der Invasion durch den Irak und die traumatisierenden Folgen der Golfkriege 1990 und 2003 versucht der Kleinstaat zaghaft, die überkommenen Strukturen aufzubrechen, allen voran der Emir persönlich – wobei die Untertanen nicht immer mitspielen. Einen eigenen Weg geht Sultan Qaboos im Oman, der einmal im Jahr mit Helikopter und Gelände-

Stillleben mit Mörser und Besen im 1993 restaurierten Fort von Taqa

Das Sultanat Oman ist das mit Abstand größte Land der »kleinen Golfstaaten«, ist aber immer noch viel kleiner als die »großen« Saudi-Arabien, Iran und Irak. Sultan Qaboos regiert seit 1970 und hat den Oman friedlich modernisiert, nirgendwo in der Region verbinden sich Tradition und Neuzeit so harmonisch miteinander.

wagen durch sein Reich reist und alle Provinzen und großen Stämme besucht – erfolgreiche Basisautokratie à la Oman. Wer seinen Urlaub nicht nur am Strand, in Restaurants und Shopping Malls verbringt, der wird Arabien, vor allem die Menschen, von ihrer unbekannten Seite erleben. Dafür muss man nur eines reichlich mitbringen, mehr als in vielen anderen Gegenden der Welt – Zeit zu reisen.

Reiche, grüne Boomtown im Wüstensand

Gr. Foto: Baustelle an der Corniche von Abu Dhabi.
Kl. Foto: Familien-Spaziergang auf der Corniche.

Abu Dhabi ist das reichste und größte der Vereinigten Arabischen Emirate. Von der gleichnamigen Hauptstadt aus werden die VAE regiert: Der Präsident der 1971 gegründeten Föderation von Scheichtümern ist der Emir von Abu Dhabi, Sheikh Khalifa bin Zayed al Nahyan. Er regiert seit 2004 über ein »Manhattan in der Wüste«, durchzogen von zwei Dutzend Parks und 300 Moscheen. Eine komfortable Autobahn verbindet Abu Dhabi City mit der Oasen- und Universitätsstadt al-Ain.

Alle nennen ihn den Regenbogen-Sheikh – und er sich selbst manchmal auch. Sheikh Hamad bin Hamdan al Nahyan hat vor einigen Jahren geheiratet, und für die Flitterwochen in Europa und USA orderte der Sheikh

Hubschrauber besteigt und einmal das Anwesen mit Mauern, Zinnen und Wehrtürmen umfliegt. Gleich in der Nachbarschaft, deutet der Sheikh aus dem Helikopter, wohne der Finanzminister, dort drüben der Palast gehöre seinem Onkel,

wenn er sein privates Automuseum mit 200 Wagen, vom VW Käfer bis zum Lamborghini, dann noch seine Sammlung von Geländewagen vorführt. In der eigenen Autowerkstatt packt er schon mal selbst im Blaumann mit an.

Selbst in Abu Dhabi City, Hauptstadt des gleichnamigen mit einer Fläche von 67 000 Quadratkilometern mit Abstand größten und reichsten der sieben Arabischen Emirate, in der es reichlich spleenige Milliardäre gibt, ist Sheikh Hamad bekannt wie ein Paradiesvogel. Andere geben ihre Millionen für Kamele, Falken oder Rennpferde aus.

Kanonenskulptur am Ittihad Square in Abu Dhabi

sieben Mercedes-Limousinen, für jeden Tag eine, jede in einer anderen grellen Farbe. Lack, Ledersitze und sogar die Kalaschnikows der Leibwächter erstrahlten gleichfarbig. Als die Wagen vom Hamburger Hafen aus nach Abu Dhabi verschifft wurden, druckten Gazetten weltweit die Bilder, und der exaltierte Sheikh Hamad hatte seinen Spitznamen weg. Seine ungeheure Finanzkraft verdankt er seiner Zugehörigkeit zur seit langem wichtigsten Familie des Emirats. Sein Geld verdient er, wie so viele Sheikhs, als Sponsor: Er ist obligatorischer lokaler Partner von ausländischen Firmen, die ihn als Förderer mit jährlichen Prozenten erfreuen und reicher machen müssen. Das Sponsorensystem ist die arabische Variante der Gelddruckmaschine.

Sheikh Hamad lädt in sein Haus ein – eine Replik einer arabischen Festung mit Zinnen und Türmen in einem vornehmen Viertel Abu Dhabis. Ja, gerne zeige er dem Besucher – natürlich mit Ausnahme des Frauentraktes –, wie es sich hier so wohne, führt durch Innenhöfe und Arkaden, bis man sich schließlich auf dem Dach und dort auf dem Helikopter-Pad befindet, den geparkten

dem Präsidenten der Arabischen Emirate, Seiner Exzellenz Sheikh Khalifa bin Zayed al Nahyan.
Sheikh Hamad liebt das pompöse Entree und treibt es nach der Landung weiter,

Abu Dhabi: Manhattan am Arabischen Golf

Abu-Dhabi-Stadt, fast eine Million Einwohner, präsentiert sich mit seinen dicht stehenden Wolkenkratzern schon beim Anflug auf den International Airport als kleines Manhattan am Arabischen Golf, wo vor 60 Jahren nur ein paar windschiefe Hütten und die Festung der Herrscherfamilie aus dem Wüstensand ragten. Diese Festung, die Qasr al Hosn, wurde 1793 über einer der wenigen Wasserquellen errichtet. Der heutige Bau, weiß im Sonnenlicht glänzend, ist keine vier Jahrzehnte alt, war früher Sitz des Herrschers und seiner Regierung, sieht aus wie dem Bilderbuch arabischer Burgen entnommen. Dort präsentiert ein Geschichtsmuseum in Bildern und Do-

Staatsgäste werden in Abu Dhabi mit Blasmusik aus dem Dudelsack empfangen

Pause im Lichtschein einer Neon-Kaffeekanne

kumenten das alte Abu Dhabi und seinen kometenhaften Aufstieg. Hier wird deutlich, welche Leistung die Sheikhs vollbracht, welchen Zeitsprung die Emirate gemacht haben. Und man spürt, dass man trotz allem Luxus mit ein wenig Wehmut auch dem Damals nachhängt ... Zurück in der modernen City. Wüste

Lichtgeschmückte Chamber of Commerce

raus, Grün rein – die Stadtplaner haben die Hauptstadt der Emirate reichlich mit Parks, Erholungszonen und Bäumen bedacht, außerdem mit einer mehrere Kilometer langen mediterranen Uferpromenade, wodurch die Stadt – anders als das kosmopolitisch-urbane Dubai – wie ein ansehnlicher Zwitter aus Wolkenkratzer- und Garten-City wirkt. Breite Straßen, Autobahnen, links und rechts und auf dem Mittelstreifen begrünt, führen in entlegene Wüstenstädte. Jede Palme, ulkt man hier, hat ihren eigenen indischen Gärtner. Die Stadt ist so großzügig angelegt, dass sie für Fußgänger nur mühsam zu erkunden ist.

Besiedelung ist hier nachgewiesen für die vergangenen 7000 Jahre. Archäologische Funde reichen bis 3000 v. Chr. zurück. Seit Mitte des 19. Jahrhunderts existieren die Emirate, geführt von den mächtigen Stammeskonföderationen wie den Qawasim oder den Bani Yas, zu

Fotografen bietet Abu-Dhabi-Stadt reichlich Motive. Selbst nachts. Da Strom äußerst preiswert ist, macht man hier ganz verschwenderisch die Nacht zum Tag und lässt die stark westlich geprägte 900 000-Einwohner-Metropole in Millionen Watt erstrahlen.

Auf Motivsuche: Fotograf am Lullu-Brunnen an der Corniche

Frei vom arabischen Verschleierungszwang: eine junge ausländische Frau am Strand von Abu Dhabi

Falkenskulptur an der Corniche

Zufahrt zu Breakwater Island (unten)

denen 15 bis 20 Fraktionen unter Führung des heute herrschenden Clans der Al Nahyan gehören. Die miteinander rivalisierenden Stammesoberhäupter dieser beiden Gruppen bildeten ein politisches Kräftefeld, in das sich alle Stämme der Region mit ihren Loyalitäten einordneten – und das die Grundlage für die heutige Grenzziehung bildet.

Für ihre Regierung gilt bis heute das Majlis-Prinzip. Majlis ist das Versammlungszelt, heute der weitläufige Versammlungsraum, in dem sich der Sheikh, das Stammesoberhaupt, immer am Kopfende sitzend, mit den ihm untergeordneten Clan-Chefs berät, die politischen Richtlinien festlegt, aber auch Gericht hält, wenn es darum geht, Streitigkeiten zwischen Familien zu schlichten, Land zuzuteilen, Handelsverbindungen zu beschließen oder zu kappen.

Im Wesentlichen ist der Majlis das allein bestimmende Organ, Parlament und Regierung in einem, in seiner Beschlussfindung und seiner tieferen Hierarchie für

Männerrunde im Hafen von Abu Dhabi (unten)

Abu Dhabis Corniche, die Küstenpromenade, ist sechs Kilometer lang. Links und rechts ist der Boulevard eingerahmt von Gärten, Springbrunnen, Spielplätzen und Denkmälern.

Abendliches Lichterspiel beim Breakwater Island

Traditionelle Dhaus

Außenstehende so unergründlich wie ein Orakel. Kritischen Fragen ist dieses Organ mangels politischer Parteien nie ausgesetzt. Dank des allgemeinen Wohlstands fühlt sich jedoch kaum jemand zu Kritik veranlasst. Bekannt ist nur, dass die Emirate keine Auslandsschulden haben; verlässliche Budgetzahlen veröffentlichen weder der Staat noch Abu Dhabi oder ein anderes Emirat. Geschätzt wird aber, dass Abu Dhabis Etat und Vermögen größer sind als die aller anderen Emirate zusammen. Das Pro-Kopf-Einkommen gilt als eines der höchsten der Welt.

Die Briten haben beim Aufstieg der Emirate geholfen

Mit den Briten, der vorherrschenden Kolonialmacht ab Mitte des 19. Jahrhunderts, waren die Sheikhs gezwungen, Kooperationsverträge zu schließen. Murrend musste in jener Zeit der lukrative Sklavenhandel aufgegeben, mussten willkürlich am grünen Tisch gezogene Gren-zen der Kolonialherren akzeptiert werden. Loyalität gegenüber der Schutzmacht England verbat jedem Protektorat Kontakt zu anderen Kolonialmächten, garantierte aber auch militärischen Schutz vor eben jenen, nicht minder beutelustigen Kolonialstaaten, wie Frankreich.

Die britisch geprägte Ära wird heute von den Emiratis als eher düsteres Kapitel gesehen, auch wenn es ausgerechnet Briten sind, die den Aufstieg der modernen Emirate mit begründet haben. Es waren auch die Briten, die Sheikh Shakhbut, der mit all dem Reichtum nichts anfangen konnte, 1966 in die Wüste zu schicken halfen. Ersetzt hat ihn sein Bruder Zayed, bis heute Präsident der VAE. Er ist ein Segen für das Land und ein agiler und weltoffener Mann, doch seine Frau Sheikha Fatma kritisiert offen seine Politik und stellt das Patriarchat in Frage. Sie versucht die Position der Frau in der Emirate-Gesellschaft zu stärken und propagiert für Frauen Ausbildung und den Weg ins Berufsleben.

Bis zum Zusammenbruch der Perlen-industrie in den 1930er-Jahren galt Abu Dhabi, 1793 von der mächtigen Nahyan-Beduinensippe gegründet, als wohlhabend. Viele Einheimische lebten vom Fischfang, der im Nebenerwerb, wie so oft am Arabischen Golf, Schmuggel von und nach Persien oder Indien einschloss. Der kometenhafte Aufstieg, beispielhaft für die gesamten Emirate, begann aber erst Ende der 1950er-Jahre, gut zwei Jahrzehnte, nachdem schon in Saudi-Arabien Erdöl gefunden worden war. Etwa 90 Prozent der Erdölvorkommen der VAE gehören Abu Dhabi. Zudem sollen die Vorräte, anders als in Dubai, Sharjah oder Ras al-Khaimah, noch ein Jahrhundert reichen. Deshalb sieht sich Abu Dhabi auch nicht unter so gewaltigem Zeitdruck, angesichts versiegender Öl-quellen zum jetzigen Zeitpunkt schon groß auf Handel und Tourismus zu setzen. Zur Freude der Besucher: Der Alltag in Abu Dhabi hat etwas Gemächliches an sich.

In den Hotels gibt man sich stillem Luxus hin, wenn man nicht gerade in einem der Hotel-Pubs, und nur dort gibt es Alkohol, im Dezibel-Gewitter polynesischer oder philippinischer Live-Bands am Tresen steht und Einheimische in ihren Dishdashas, den langen weißen Gewändern, beobachtet, wie sie bei Bier vom Fass recht schnell ziemlich lustig werden.

Ein Kontrastprogramm zu diesem verwestlichten Lebensstil erschließt sich Frühaufstehern. Nahe dem Hafen und weit weg von den Hotelstränden liegen beim Hafen die kleine Dhau-Werft und der Fischmarkt. Dhaus sind dickbäuchige Küstenschoner aus indischem Teak-Hartholz. Am Fischmarkt öffnet sich eine andere Welt, die so fremd wirkt im Vergleich zur City rundum, den Golfplätzen und den schicken Shopping Malls. Einheimische kommen morgens um sechs, halb sieben vom Meer zurück, breiten ihren Fang auf dem Boden aus. Verschleierte Frauen ganz in Schwarz feilschen mit Händlern um sprottengroße Fische, Händler aus der Stadt und Einkäufer der Hotels und Restaurants ersteigern Seafood körbeweise.

Es gibt aber auch die schlechten Tage für die Fischer, wenn Ölschlick die Netze verklebt hat und der Tagesfang hinüber ist – der Preis des Ölreichtums. Aber, sagen alle Fischer, im Vergleich zu früher, Ende der 1980er-Jahre, habe die Verschmutzung durch Öl abgenommen. Die Gäste der Strandhotels hatten sich beschwert, wenn sie morgens am Meer in klebrige Ölklumpen traten. Die Beschwerden förderten das Umweltbewusstsein der Stadtverwaltung.

Seltsame Wüstenfahrzeuge, ungewöhnliche Ideen

Ökologie und Umweltschutz treibt auch Sheikh Hamad um, den Autofreak – auf seine Weise. Er kreiert ungewöhnliche Wüstenfahrzeuge: Als Caravan benutzt der Sheikh eine 50 Stundenkilometer schnelle, im Durchmesser etwa zwölf Meter große Weltkugel auf Rädern. Lackiert ist diese Kugel wie ein richtiger Globus, beherbergt vier Schlafzimmer, Küche, Salon, Bäder.

Und dann existiert da noch ein roter, ebenfalls 50 Stundenkilometer schneller Pickup-Truck, eine Eigenkonstruktion. Dieses »Auto« ist nun so groß, dass es als »Ladefläche« neun luxuriöse Schlafzimmer beherbergt.

Von diesen Mega-Gefährten nimmt der Sheikh seinen Besucher hinüber in sein Wüstenzelt, zieht die Schuhe aus und lässt sich auf einem fein geknüpften Teppich in die Hocke fallen. Er erzählt. Dass er die ganze Welt bereist hat, Deutschland kennt, dort gerne in Wiesbaden Zwischenstopp macht, wenn er nach Florida fliegt. Wie man ihn, einen aus der Herrscherfamilie, für eine militärische Karriere vorgesehen hat. Aber die Armee, das war seine Sache nicht, auch nicht als höherer Offizier. So ist er ausgeschieden und so etwas wie ein Vordenker geworden, ein schrulliger Ideenfabrikant.

Auf dem Ziegenmarkt von al-Ain wird hart gefeilscht

Zahlreiche Süßwasserquellen machen al-Ain zur grünen Oasenstadt

Zwei ungleiche Schwesterstädte am Fuß des Jebel Hafeet sind al-Ain und Buraimi. Al-Ain gehört noch zum Emirat Abu Dhabi und ist eine moderne und großzügig angelegte Metropole. Buraimi dagegen liegt schon im Oman. Dort vollzieht sich der Übergang in die Neuzeit langsamer, weniger spektakulär. Ganz in der Nähe treffen sich die Händler auf einem der wenigen Kamelmärkte der Region.

Verkauft und verladen: Neugierig gucken die Kamele, wohin die Reise geht

Fisch-Souk im Oasenstädtchen Buraimi, das schon zum Oman gehört

Händler auf dem Kamelmarkt von Buraimi

Die seltsamen Wüstengefährte seien anfangs ein Spaß gewesen, aber einer, der ihn letztlich zweifeln ließ. »Viele von uns Sheikhs haben das Problem, dass wir nicht wissen, wo wir hingehören. Sind wir noch Leute aus der Wüste oder moderne Menschen des 21. Jahrhunderts oder wie viel von beidem? In unserer Not versuchen wir beides zu verbinden.«

Das Ergebnis jedenfalls, meint der Sheikh, sei nicht immer bestens. »Wir sind völlig verdorben.« Sein Beispiel: »Wir veranstalten in den Emiraten Ausdauer-Rennen. Kamel gegen Pferde quer durch die Wüste. Was soll das. Das Kamel ist nicht zum Rennen da, und ein Rennpferd hat in der Wüste nichts verloren. Aber wir denken, dass es uns damit wieder einmal besonders beeindruckend geglückt ist, Traditionen in die Neuzeit mitzunehmen.«

Abu Dhabi

Karte: Seite 112/113, Planquadrat D 4.

Anreise: Abu Dhabi ist von Europa aus mit allen großen Fluglinien zu erreichen; ausgezeichnet sind die Verbindungen in die übrigen Golfstaaten und Fernost. Die Straßenverbindungen sind hervorragend.

Unterkunft: Abu Dhabi ist eine teure Stadt; erstklassige Hotels kosten, sofern man nicht pauschal gebucht hat, ab 200 US-$; Rucksack-Touristen sind nicht die Klientel, die man anzulocken sucht. Teure Hotels ab ca. 160 US-$: Das »Abu Dhabi Sheraton« (Tel. 6773333, Fax 6725149; www.sheraton.com) am westlichen Ende der Corniche ist wie das »Intercontinental« (Tel. 6666888, Fax 6669153; www.interconti.com) Teil des regen gesellschaftlichen Lebens der Hauptstadt. Top-Hotel ist das von Kempinski geleitete »Emirates Palace« (Tel. 6909000, Fax 6909999), ein fast unüberschaubar weitläufiger Luxus-Palast für die eher Wohlhabenden. Um die 100 US-$ bezahlt man in der Innenstadt im »Zakher Hotel« (Tel. 6275300, Fax 6272270), bekannt wegen seiner Restaurants und der Disko im Haus. Auf Geschäftsreisende hat sich »Al Hamra Plaza Residence« (Tel. 6788000, Fax 6766338) gegenüber dem Eldorado Cinema spezialisiert. Für Gäste, die länger bleiben wollen und Apartment/Zimmer mit Kochgelegenheit wünschen, kann man das »Baynunah Hilton Tower« (Tel. 6327777, Fax 6216777) empfehlen, das höchste Gebäude Abu Dhabis, markant durch seine blaue Spiegelglas-Fassade.

Sehenswürdigkeiten/Museen: Qasr al Hosn, der ehemalige Regierungspalast aus dem Jahr 1793 mit dem Centre for Documentation and Research, ist so etwas wie die Nationalsammlung für historische Dokumente und Fotos (Stadtplan, Planquadrat D 1; Sa–Mi 8–13, Do 8–12 Uhr). Unweit vom Fort liegt die Khalifa-Moschee, zwischen Istigal und Al Nasr St., ein sehenswertes Beispiel einer Emirate-Moschee. Petroleum Exhibition (D 1; Tel. 6269715, erste Etage des ADGAS Building, neben Abu Dhabi Commercial Bank): Alles zur Geschichte des Erdöls in den Emiraten, angefangen von den ersten Funden (Sa–Mi 8–13, 16–19 Uhr). Heritage Village (am Abu Dhabi Exhibition Centre, tgl. 8.30–17 Uhr): Das Beduinendorf zeigt Perlen-Dhaus, Beduinenzelte.

Essen/Ausgehen: Unüberschaubar ist das Angebot an internationalen Restaurants; alle Fastfood-Ketten sind ebenfalls vor Ort. Arabische Küche servieren fast alle Hotels, mit besonders schönem Panoramablick im »Peak Health Food« des »Baynunah Hilton« (Tel. 6327777). In der City ist beliebt das »Istanbouli« (Tel. 6333874) in der Old Passport Rd. Persische Küche serviert das »Hojreh« im »Sheraton« (Tel. 6773333). Zu den ausgefalleneren Restaurants gehört mit seiner Cajun-Küche das »King Creole« im »Sheraton« (Tel. 6773333), wo man neben hervorragendem Fisch auch Alligator-Steak serviert. Polynesisch kocht man im »Waka Taua« (Tel. 6446666) des »Le Meridien« und im »Trader Vic's« (Tel.

6443000) des »Beach Hotel«. Ein guter Inder in der City ist der »Indian Palace« (Tel. 6448777) in der Salam St. gegenüber der Union National Bank. Einen der besten Thais der Stadt, das »Talay« (Tel. 6446666), findet man im »Le Meridien«. Beim feinen Dinner schippert man auf der »Shuja«, einem Restaurant-Boot, an der Küste entlang (Tel. 6742020). Das Bar-Leben beschränkt sich auf die großen Hotels, die mit Ladies' Night, Russian Shows und anderen, oft peinlichen Veranstaltungen, Publikum anlocken.

Einkaufen: Irgendwo wird in dieser Stadt immer gerade an einer neuen Shopping Mall gebaut. Der alte Souk, den man nicht verpassen darf, liegt zwischen Hamdan und Khalifa St. (D/E 1). Das ist eine verzweigte Fußgängerzone mit kleinen Geschäften, in denen man vom Knopf bis zum arabischen Dolch und Diamantring alles bekommt. Für Goldeinkäufe geht man besser in den Gold-Souk der Khalifa St. Zu den eleganteren Shopping Malls gehören neben einer »She Zone«, in der Frauen Frauen bedienen und Männer weder als Kunden noch Personal erlaubt sind, die Rotana Mall, Hamdan Centre, Hamed Centre, Zakhir Centre und das City Centre – alles erstklassige Adressen für europäische Designermode.

al-Ain

Karte: Seite 112/113, Planquadrat D 5.

Anreise: Nur eine gute Autostunde von Abu Dhabi entfernt, und die legt man auf einem ringsum begrünten Highway zurück, erreicht man am Fuß des Jebel

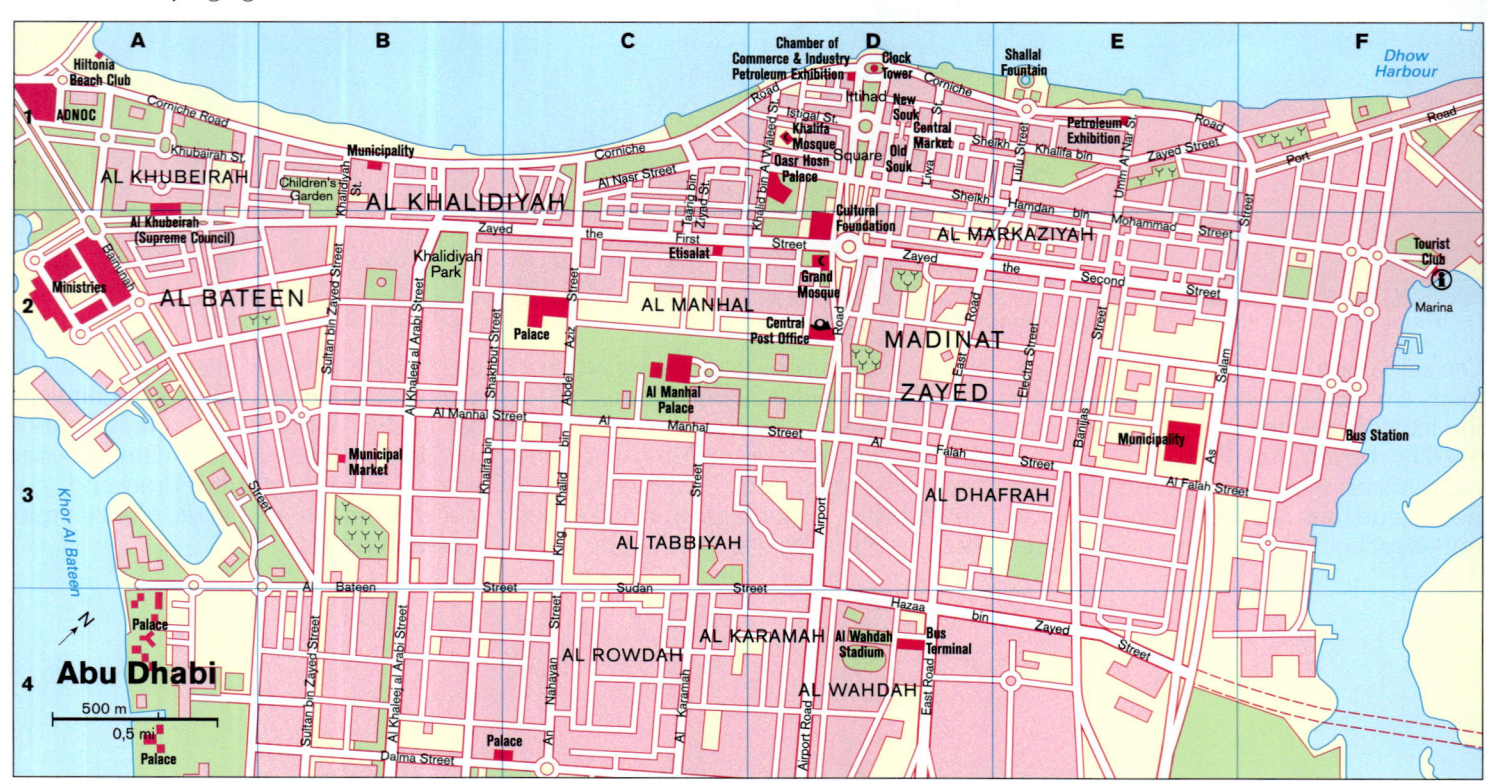

Noch vor 40 Jahren lebten in Abu Dhabi City, der Hauptstadt der VAE, nur 5000 Menschen, heute sind es über 900000

Erstklassige Thai-Küche serviert das Talay-Restaurant im Hotel »Le Meridien« in Abu Dhabi

fährdeten arabischen Tierbestand (u. a. Wüstenkragentrappen und Oryx-Antilopen; tgl. 8–18 Uhr).

Ausflüge: Den Berg **Jebel Hafeet**, der zum Hajar-Gebirge gehört und einen der besten Ausblickspunkte der Emirate bietet, kann man mit dem Auto erklimmen. Von der City kommend, passiert man auf dem Weg dorthin die 40 bis 45 Grad heißen Quellen (Hot Springs).

Hili Garden, 10 km westlich der City von al-Ain, ist sowohl öffentlicher Park als auch bedeutende archäologische Fundstelle. Dort finden sich Siedlungs- und Grabruinen, oberirdische Rundbauten, aus der Zeit ab dem 3. Jahrtausend v. Chr. Landschaftlich wundervoll ist die **Oase Qattarah** mit ihren Palmenhainen und Obstplantagen. Als kleinen Kurort schätzen viele Ausländer Ain al-Fayda, nahe dem Jebel Hafeet, mit seinen schwefelhaltigen Pools.

Wer es nicht in Abu Dhabi gesehen hat, sollte sich zumindest in al-Ain zum morgendlichen Kamelrennen aufraffen, das noch weit weniger kommerzialisiert ist als die Rennen in den größeren Städten.

Buraimi, Zwillingsort von al-Ain, ist omanische Enklave (kein Oman-Visum nötig), wirkt »arabischer« als das moderne al-Ain und besitzt das rund 400 Jahre alte renovierte Khadaq Fort, gut für eine kurze Besichtigung der Festung mit ihren Wehrtürmen. Auch den kleinen Souk muss man sehen, der nur wenige Souvenirläden (Schmuck, Dolche etc.) besitzt, im Übrigen aber ein lebhafter orientalischer Lebensmittelmarkt für die Einheimischen ist, in dem es wunderbar nach Weihrauch duftet.

Ausläufer des Rub al-Hali, des Leeren Viertels, das sich über Jemen und Oman erstreckt, ist die 6 Autostunden von Abu Dhabi entfernte Getreide- und Palmen-Oase **Jiwa** mit einer Reihe von Dörfern und den 60 km auseinander liegenden Zentren **Medinet Jiwa** und **Medinet Zayed**. Von hier kommen die mächtigen Stämme Bani Yas, Manasir, Dhawahir und ursprünglich auch die Nahyans, die Vorfahren des heutigen Präsidentenclans – ein Reiseziel mehr für Emirate-Spezialisten; es bietet erlebenswerte Wüstenausflüge. Unterkunft im »Rest House« (Tel. 088-22075, Fax 29311); dort vermittelt man auch Wüstentrips mit Führer.

Hafeet die Oase al-Ain, rund 350 000 Einwohner, als Geburtsort des heutigen Präsidenten großzügig gefördert, Universitätssitz und beliebtes Winter-Ausflugsziel mit eigenem Airport.

Unterkunft: In al-Ain wohnt man luxuriös im »Hilton al-Ain« (Tel. 03-7686666, Fax 7686888; www.hilton.de, E-Mail alain@hilton.com), ein beliebtes Konferenzhotel mit eigenem Golfplatz, und im »Intercontinental« (Tel. 7686686, Fax 7686766; www.interconti.com) mit geräumigen Zimmern und mehreren Swimmingpools in einem idyllischen Garten. In Chalets wohnt man im »Ain al Fayad Hot Springs Guest House« (Tel. 7838333). Buraimi: Im »Al Buraimi Hotel« (Tel. 00968-652010, Fax 652011 oder über die Emirate-Handy-Nr. 050-474954) wohnt man in schönen Gartenchalets.

Essen/Ausgehen: Im »Hilton« und im »Interconti« speist man gut und findet brauchbare Pubs, aber in al-Ain sollte man die Möglichkeit nutzen, außerhalb der Hotels gut essen zu können. Arabisch kocht das »Al Mallah« (Tel. 7644064), Chinesisch das »Golden Gate« (beim Uhrturm, Tel. 7662467), guten Fisch serviert das »Golden Fish« (Tel. 7642567).

Sehenswürdigkeiten: Al-Ain, von jeher fernab des Erdöl-Geschäfts, ist eine landwirtschaftlich geprägte Oase (5000 t Jahresproduktion an Datteln), bekannt für die heißen Quellen, in denen man baden kann, den für Kinder netten Amusement Park und den Ice Rink, die größte Eisbahn der Emirate.

Verschwenderisch hat man in der Oasenstadt Gärten und Parks angelegt, sehr schön der weitläufige Al Fayahah Garden. Al-Ain schmiegt sich direkt an die omanische Grenze, die man bei Anreise und Erkundung meist unbemerkt des Öfteren überquert.

Im Al Jahilia Fort (auch Eastern Fort), 1910 erbaut und in der Jugendzeit des heutigen Präsidenten dessen wahrlich nicht berauschend komfortabler Wohnsitz, ist das al-Ain-Museum untergebracht (So bis Mi 8–13, 16–18 Uhr, Do 8–13, Fr 9–11.30 Uhr), das sich in Ethnologie und Historie dem nationalen Erbe widmet, beduinische Tradition, Fotodokumente vom Aufstieg al-Ains und Abu Dhabis präsentiert. Seltsam mutet die Sammlung von modernen Staatsgeschenken an, darunter zahlreiche Orden und eine Kugel aus der Waffe der berühmten palästinensischen Terroristin Laila Khalid. Die Beschriftung im Museum ist durchgängig Arabisch und Englisch.

Gegenüber dem Museum findet ab dem frühen Morgen der kleine Tiermarkt statt, von dem aus man zum Alten Gefängnis geht. Im Bereich von Al Maslakh liegt der 400 Hektar große Zoo (samt Aquarium), auf Wunsch des Präsidenten eingerichtet und spezialisiert auf afrikanische und indische Tiere sowie den teilweise ge-

Bei klarem Wetter bietet sich vom Jebel Hafeet eine Traumaussicht

Dubai – höher, schöner, weiter und luxuriöser

Gr. Foto: Foyer des Burj al Arab in Jumeira. Kl. Foto: Teure Autos gehören zur Grundausstattung der Reichen.

Reichtum als Werbegag – in keinem Emirat zeigt man so ungeniert, was man hat, wie in Dubai. Immer mehr riesige Glas- und Stahltürme schießen aus dem Wüstenboden – obwohl ein Ende des Ölbooms abzusehen ist. Denn Dubai hat sich umorientiert: Mit immensem Aufwand und Erfolg hat sich das Emirat als wichtigstes Urlaubsziel und bedeutendster Handelsknotenpunkt des Mittleren Ostens profiliert. Authentischer und traditioneller präsentiert sich das Emirat Sharjah nördlich von Dubai.

Suchte Dubai ein zeitgemäßes Maskottchen, dann böte sich das »Lamel« an. Es lebt, eine halbe Autostunde außerhalb der Stadt, auf einer Forschungsfarm in der Wüste. Die Mutter aus den Anden Südamerikas, der Vater aus der Wüste Dubais, stellt das Lamel, Produkt einer englischen Gentechnikerin namens Lilly Skidmore, eine Kreuzung aus Alpaka-Lama und Kamel dar. Es symbolisiert unfreiwillig Dubais Verwurzelung in der arabischen Wüstentradition, die man mit aller Macht in die Moderne hinüber zu retten und mit der Moderne zu verschmelzen sucht. Das Kamel, das Beduinen und Nomaden Jahrtausende durch die Wüste begleitete, hat in Zeiten der Sesshaftigkeit und des Vierradantriebes ausgedient. Doch für das Kamel des 21. Jahrhunderts hat man in Dubai eine neue Bestimmung gefunden: Es soll als Lamel Wolle und Milch geben, fruchtbar und produktiv wirken und so das eigene Überleben sichern.

In Dubai verbinden sich Tradition und modernes Know-how

Produktivität und Effizienz pflegen auch die Sheikhs von Dubai, allen voran Kronprinz Sheikh Mohamed bin Rashid al Maktoum, der geistige Vater des Lamels, der wie sein 1990 verstorbener Vater Sheikh Rashid ein charismatischer Vordenker und Visionär ist, der ganz Dubai nach seinen Vorstellungen formt, heimische Tradition und Know-how aus aller Welt harmonisch verbindet und manchmal die Quadratur des Kreises will. Immer mit nahezu preußischem Pflichtgefühl. Dubais kometenhafter Aufstieg gibt ihm Recht.

Schon beim ersten Bummel blendet und verblüfft Dubai. Den Creek, den imposanten Meerarm, der die Stadtteile Deira und Bur Dubai trennt, säumen verspiegelte Wolkenkratzer. An der Promenade haben Dhaus festgemacht, die dickbäuchigen arabischen Segler. Händler verladen Waren. Fischer entwirren Netze und schrubben Planken. Über den Creek tuckern überladene Fährboote. Im nahen Souk, dem Geschäftsviertel, verliert sich ab dem frühen Abend der Blick in blinkenden Neonreklamen für Elektronik und Hightech, für Gold, Stoffe und Krimskrams. Das Gros der Einkäufer kommt heutzutage aus der ehemaligen Sowjetunion. Auf den Gehsteigen stapeln sich Videorekorder, Staubsauger, Waschma-

Die 1983 errichtete Jumeira-Moschee ist die schönste und größte Moschee Dubais

Dubai ist in wenigen Jahrzehnten zur kosmopolitischen Metropole herangewachsen

Gepäckträger beim Mittagsschläfchen vor einer Moschee im Stadtteil Bur Dubai

schinen, Küchenherde und Geschirr-spüler, oft darauf gekritzelte Namen wie »Mr. Igor« und als Zustelladresse eines der billigeren Downtown-Hotels.

Dubai als Schnäppchenparadies ist für den, der um seine Digitalkamera oder den CD-Spieler feilschen will, nur mehr ein Mythos. Mengenrabatt hat den Dis-count, den es vor gar nicht so langer Zeit noch für den einfachen Touristen gab, längst verdrängt. Die Shopping-Bomber aus Moskau und Kiew und Kasachstan fliegen Dubai für 250 Dollar pro Passagier an; dafür packen die Piloten oft selbst beim Verladen der Fracht mit an.

Unzählige Geschäfte, die nichts ande-res als Koffer und Taschen anbieten, lassen schon vermuten, dass Dubai eine Stadt der Reisenden ist – in der Mehrzahl der Angereisten, ein anderes Phänomen des Wüstenemirates: Von den über 800000 Einwohnern sind nur 15 Prozent Einheimische, »locals«, wie sie von den übrigen 85 Prozent aus 120 Ländern ge-nannt werden, in der Mehrheit Inder, Pakistani, Filipinos in den weniger qualifi-zierten Berufssparten, dazu die Elite aus dem Westen: Briten, Franzosen, Deut-sche, Schweizer, Amerikaner.

Kaum eine andere Stadt der Erde hat ein ähnlich proportioniertes Verhältnis von Einheimischen und Gastarbeitern. Zu sehen ist diese Entwicklung auch im zeit-

Eine voll beladene Dhau setzt über den Creek

In Dubai kommen Menschen aus aller Welt zusammen, 85 Prozent aller Einwoh-ner stammen aus dem Ausland. Dubai gilt als größte indische Metro-pole außerhalb Indi-ens. Ohne die weitge-hend rechtlosen Ein-wanderer könnten die Einheimischen ihren Reichtum nicht ge-nießen.

Wem es zu heiß wird, geht im »Dubai Hyatt« aufs Eis, auch bei 45 Grad

lichen Rahmen. In den zwanziger und dreißiger Jahren des 20. Jahrhunderts galt Dubai noch als Schmuggler-Dorf und Perlen-Umschlagplatz. Eine Niemandsstadt in Niemandsland.

Dubai ist ein Schmelztiegel sich ausgrenzender Kulturen

Zusammen arbeiten, getrennt leben – nach dieser Maxime ist Dubais moderne Gesellschaft organisiert. Niemand erwar-

ser verdienende Europäer und wohlhabende Familien aus anderen arabischen Ländern, v. a. Libanesen. Bunt schillert auch die (seichte) Kulturszene: britische Theatergruppen und Musicals gastieren häufig in Hotels; indische, pakistanische und philippinische Popstars lassen bei ihren Tourneen Dubai nur selten aus. Nicht zuletzt: Moslems, Christen und Hindus können in Dubai ihre Religion unbehelligt ausüben – beileibe keine Selbstverständlichkeit in Arabien.

erahnen, dass den »locals« manchmal mulmig wird ob der ausländischen Mehrheit, die außer der Arbeitserlaubnis keinerlei Rechte genießt. Selbst wer sein Leben lang in Dubai gearbeitet hat, muss als Rentner das Land verlassen.
All das ist wohl durchdachtes System. Die führenden »locals« sind bestens ausgebildet, besuchten meist Elite-Universitäten in Europa und den USA. Nur wer Spitzenleistungen und erstklassige Abschlüsse vorzuweisen hat, darf über-

Baugrund an der Sheikh Zayed Road: Wüstenland ist das Spekulationsobjekt Nummer 1 (rechts die Zwillingstürme des »Emirates Towers Hotel«)

tet von den »Expats«, von denen also, die außerhalb ihrer eigenen Heimat leben, dass sie je die arabische Landessprache erlernen. Verkehrssprache ist Englisch. Jede Bevölkerungsgruppe lebt ihr eigenes Leben. Downtown kann man es riechen: Der Duft von Curry hängt schon vormittags über den indisch und pakistanisch dominierten Straßenzügen.
In den großen Einkaufs-Malls, wie City Center, Emirates Towers Boulevard, Bur Juman Center, bedienen mehrheitlich Asiaten. In den feinen, teuren Beach-Clubs von Jumeira, wie etwa im »Hilton Beach Club«, trifft man überwiegend bes-

Die »locals« wiederum legen größten Wert darauf, im Privaten nach arabischer Tradition zu leben. Locals heiraten Locals. Die Frauen sind meist verschleiert. Die Häuser sind aufgeteilt in Frauen- und Männerbereich, tabu für Fremde. So war das schon in den Zelten der Beduinen.
Die Multikulti-Gesellschaft nicht als echter Schmelztiegel, sondern als Mosaik sich ausgrenzender Kulturen, das ist die Geschäftsgrundlage in Dubai. Die 1999 ins Leben gerufene Kampagne zur Emiratisierung, ein Aufruf an die einheimische Jugend, sich doch mehr für Ausbildung und Arbeitsleben zu begeistern, lässt

haupt an der Gestaltung des Emirates Dubai in einer Führungsposition, sei es Politik oder Wirtschaft, mitwirken.
Die Sheikhs, weltoffene Geschäftsleute, wissen, dass sie den Sprung vom Ölemirat, dessen Vorräte demnächst zur Neige gehen, zum Handels- und Umschlagplatz, zum Hongkong Arabiens, nur mit Hilfe der Ausländer geschafft haben und weiter führen können. Die Trockendocks und die Freihandelszone Jebel Ali, anfangs wegen ihrer gigantischen Ausmaße belächelt, heute mit Handelskontoren aus 140 Ländern und Lagerhallen auf einer Fläche von 105

Quadratkilometern aus allen Nähten platzend, gelten als Symbole des Erfolges. Wohl kalkuliert hat man den »Expats« ein veritables Freizeit- und Unterhaltungs-Paradies in den Sand gesetzt, das zunehmend auch Urlauber begeistert, seit Dubai neben dem Handel als zweiten Markt der Zukunft den Bade- und Shopping-Tourismus entdeckt hat.

Dubai, ein hartes und lukratives Businesspflaster, ist wohl der einzige Fleck Arabiens, wo angesichts des Mangels an Sehenswürdigkeiten trotzdem keine Langeweile aufkommt. Wer Lust und Übermut hat, kann im Galleria-Annex des Hyatt-Hotels ganzjährig Eis laufen. Das Nachtleben bietet neben internationalen Restaurants von Fastfood bis zum Edel-Libanesen Dutzende Bars, meist englische Pubs mit überlauter Live-Musik, sowie eine Reihe von Late-Night-Diskos, die der suchende Single für 200 Dollar aufwärts nicht allein verlassen muss. »Everything goes«, sagt man in Dubai.

Langeweile kann in Dubai nicht aufkommen

Die drei Golfclubs mit feinstem Rasen lassen nicht mehr erahnen, dass die ersten Golfer hier einst im Sand spielten und zum Abschlag grüne Plastikmatten ausrollten. Die Pferderennbahn nahe dem World Trade Center ist donnerstags der gesellschaftliche Treffpunkt. Die Sheikh-Familie Maktoum zählt zu den größten und erfolgreichsten Rennstallbesitzern der Welt; irgendwann, sagen Spötter, werden Maktoum-Pferde nur noch von Maktoum-Pferden geschlagen. Nicht weniger Augenmerk verwendet der Kronprinz auf das Kamel. Freitag und Samstag morgens treten auf dem »camel track« von Nadd el Shiba, und das ist mindestens so sehenswert wie die Pferderennen, die schnellsten Rennkamele gegeneinander an. Die besten Tiere sind

Burj al Arab – der »Turm Arabiens« in Jumeira

mehrere Hunderttausend Dollars wert. Pakistanische Kinder-Jockeys – und bald Roboter – treiben die Kamele über den Parcours.

Es ist schon fast überflüssig zu erwähnen, dass Dubai eine Kamelklinik besitzt, geführt von einem deutschen Ärztepaar, in der das Rennkamel nach allen Regeln der Sportmedizin erforscht, ernährt, trainiert und nach Doping untersucht wird; Tür an Tür übrigens mit der Falkenklinik gleichen Anspruchs. »Programmierte

Freie Wildbahn mit Stadtanschluss: Flamingos am Dubai Creek

Dubai wächst immer weiter und hat sich schon längst als »Hongkong am Golf« etabliert. Mit dem »Turm Arabiens« entstand hier das höchste und zugleich teuerste Nobelhotel der Welt – Symbol für den Weg, den das Emirat fort vom Öl hin zu Handel und einem Tourismus der ganz besonderen Art geht.

Pause auf dem Campus der American University in Sharjah

Blick in das Atrium des »Jumeira Beach Hotel«

Rennsieger gibt es trotz wissenschaftlichen Ehrgeizes kaum. Rennkamele, fast immer Stuten, können stur und unberechenbar sein, drehen mitten im Rennen schon mal einfach um«, weiß Prof. Ulrich Wernery, Chef der Klinik.

Als eines der berühmtesten Siegerkamele aus Dubai zum ersten Mal überholt

sieben Sternen die teuerste und luxuriöseste Herberge der Welt – und mit 321 Metern auch die weltweit höchste. Rund 1000 Dollar kostet die billigste 180-Quadratmeter-Suite, um die 6500 Dollar die Royal Suite (780 qm). Das Milliarden-Dollar-Hotel in der Form eines geblähten Dhau-Segels, im Inneren auf 10 000 Qua-

Auf dem Fisch-Souk in Sharjah

Postmodernes Bauwerk: General Market (unten)

wurde, blieb das Tier stehen, suchte sich eine Hecke zum Abnagen und bewegte sich fortan bei keinem Rennstart mehr über die Startlinie. Die Stute wurde in Rente geschickt und endete als Leihmutter auf jener Zuchtfarm, aus der später das Lamel hervorging.

Alles ein bisschen schräger, weiter, größer, höher: Dubai, das Emirat der Superlative. Wenn hier jährlich im März das Shopping-Festival steigt, dann wird jeden Tag einer von 31 Rolls Royce Silver Seraphe im Wert von über 250 000 Euro verlost. Mit zwölf Millionen US-Dollar Preisgeld, sechs Millionen für das Hauptrennen, ist das Dubai-Derby das höchst dotierte Pferderennen der Welt. In naher Zukunft will Dubai auch Austragungsort für Formel-1-Rennen des Automobilsports sein. Und täglich kann man die schnellsten Speed- und Powerboote an der Küste durchs Meer pflügen sehen. 1999 ging Kronprinz Mohamed Maktoum auch unter die Hotelbesitzer. Das »Burj al Arab Hotel«, der »Arabische Turm«, auf einer künstlichen Insel dem »Jumeira Beach Hotel« vorgelagert, ist mit

Altpapierentsorgung im Hafen von Sharjah (unten)

Wenige Kilometer nördlich von Dubai liegt das Emirat Sharjah, das drittgrößte der VAE. Um die geringen Öleinnahmen mit Devisen auszugleichen, holte es als erstes Scheichtum Ende der 1970er-Jahre Touristen ins Land. Wegen eines Alkoholverbots gingen die Besucherzahlen später wieder zurück.

600 Geschäfte befinden sich im General Market

Smalltalk in Sharjah

dratmetern mit Blattgold verkleidet, bildet zusammen mit dem »Jumeira Beach Hotel«, das einer gebrochenen Welle nachempfunden ist, ein Ensemble unter dem Oberthema Meer und Wasser.

Unweit von hier entsteht Palm Island, eine künstliche Wohninsel in Form einer Palme. Dazu werden 300 weitere Inselchen aufgeschüttet, deren Anordnung die Kontinente der Erde widerspiegeln. Nicht genug: In Hydropolis wird man bald in Suiten eines Unterwasser-Hotels nächtigen, in der Wüste bald auf Kunstpisten Ski fahren.

Die Raffinesse, mit der Dubai durch immer neue Großprojekte weltweit Aufsehen – sprich kostenlose Reklame – erregt, ärgert die anderen sechs Emirate mehr und mehr. Auch der Preis, zu dem Dubai sich westlichem Lebensstil öffnet, beispielsweise ziemlich freien Alkoholkonsum auch für Einheimische erlaubt, stößt häufig auf Kritik.

In Sharjah, rund 450 000 Einwohner, gerade mal zehn Autominuten nach Norden entferntes Emirat, schenken bis heute nur einige wenige Restaurants Wein und Bier aus – und das auch nur unter der Hand in Teekanne oder Kaffeebecher. Erwähnenswert ist dies, weil sich Sharjah in den siebziger Jahren als erstes Emirat – damals mit Alkoholerlaubnis – dem Tourismus geöffnet hatte. Seiner in den achtziger Jahren entdeckten islamischen Prinzipientreue wegen, die Alkohol verbat, geriet Sharjah gegenüber Dubai arg ins touristische Hintertreffen. Urlaub ohne nahen Zapfhahn ist für viele offenbar unvorstellbar.

Emirat Sharjah lockt mit Steuerfreiheit

Sharjah hat den finanziellen Verlust mehr als kompensiert: Die 1995 gegründete 100 Quadratkilometer große Hamriyah-Freizone boomt. Absolute Steuerfreiheit, unbeschränkter Kapitalfluss und andere Vergünstigungen lockten Hunderte internationale Unternehmen an.

So wirkt das drittgrößte Emirat Sharjah, beliebtes Ziel für Tagesausflüge, authentischer und traditioneller als das schnelllebige Dubai, wenn man mal das tägliche

Verkehrschaos und das Straßengewirr außer Acht lässt, das nur einen Vorteil hat: Mit dem Auto verfährt man sich so gründlich, dass man schon im Vorbeifahren einen bleibenden Eindruck von der je nach Geschmack bezaubernden oder verwegenen Architektur bekommt, die für Sharjah so typisch ist: die Goldkuppel am Al Mujjara Souk, die Faisal-Moschee, der Brunnen am Ittihad Square oder das sieben Meter hohe Islam-Denkmal mit einem Riesenkoran am Kitab Square.

Sorgfältig verziert sind die Moscheen in Sharjah

Blick über Sharjahs Ittihad Square

Verpassen darf man keinesfalls den Sharjah Souk, den viele als Musterbeispiel klassizistischer arabisch-islamischer Architektur sehen, von Weitem erkennbar an den Windtürmen, welche die Dächer krönen. Hunderte Geschäfte beherbergt dieser Souk, eine wohl klimatisierte Einkaufs-Mall, in der man alles bekommt und alles auch billiger als in Dubai, vor allem Teppiche aus dem Iran und Perlen. Aber nicht nur deshalb kommen viele Dubai-Expats nach Sharjah. Wer keine »liquor licence«, keine Alkohol-Erlaubnis, besitzt, und die braucht man in Dubai, um Alkohol kaufen und vom Geschäft nach Hause bringen zu dürfen, der kann ausgerechnet im trocken gelegten Sharjah seine Bestände auffüllen. Bekannt ist der Platz als »hole in the wall«, das Loch in der Wand.

Am Kitab Square steht als Denkmal ein überdimensional großer geöffneter Koran

Dubai

Karte: Seite 112/113, Planquadrat D 5.

Anreise: Dubai hat einen im Jahr 2000 renovierten und stetig erweiterten Internationalen Flughafen mit exzellenten täglichen Verbindungen nach Europa, Asien und in sämtliche Golfstaaten. Viele Hotels bieten ihren Gästen einen kostenlosen Transfer vom Flughafen an; Taxis mit Taxameter bekommt man rund um die Uhr ohne Mühe. Die Straßenverbindungen von den anderen Emiraten nach Dubai sind ausgezeichnet; die Strecke von Abu Dhabi gilt wegen der hier üblichen Raserei als ziemlich gefährlich.

Unterkunft: Dubai ist ein teures Pflaster, und obwohl immer mehr Hotels gebaut werden und die Zimmer-Kapazitäten selten ausgeschöpft sind, werden die Preise, zumindest für Individualreisende, künstlich hoch gehalten, während Pauschalbesucher von Europa aus meist ungleich günstiger buchen. Dubais Spitzenhotel ist – ab 1000 US-$/Tag – das »Burj al Arab Hotel« (Tel. 00971-4-3017777, Fax 3017000, www.burj-al-arab.com). Geschäftsleuten, denen funktionierende Business Center und zentrale Lage wichtiger sind als der nahe Strand, wohnen in den City-Hotels.
Das »Emirates Towers Hotel« (Tel. 00971-4-3300000, Fax 3303030, www.emirates towershotel.com) ist ein hervorragendes, luxuriöses Business-Hotel mit allem Schnickschnack. Es liegt in der Preisklasse ab 210 US-$ aufwärts, ebenso das »Dubai Intercontinental« am Creek (Tel. 2227171, Fax 2284777; interconti.com). Eine günstige Alternative ist mitten im lebhaften Shopping-Viertel von Downtown das »Astoria Hotel« (Tel. 3534300, Fax 3535665) ab ca. 75 US-$, ein sauberes Mittelklassehaus. Nicht so zentral liegt, nahe dem World Trade Center, das »Hilton Hotel« (Tel. 2271111, Fax 2271131; www.hilton.de/dubaicreek) mit Zimmern ab 110 US-$, inbegriffen sind auch Bus-Shuttle und Zugang zum schönen »Hilton Beach Club« in Jumeira (www.hilton.com). Mit Strand und direkt neben dem Wild Wadi

Water Park liegt – ab 200 US-$ aufwärts – das erstklassige »Jumeiria Beach Hotel« (Tel. 3480000, Fax 34482273; www.jumeirah-beach.com), für das frühzeitige Buchung angeraten ist; zum Hotel gehört auch ein exklusives Village mit Bungalows ab 900 US-$. Tipp: Wer erst vor Ort buchen kann oder will, bekommt in Dubai sehr günstige Hotelraten für die Emirate (und die übrigen Golfstaaten) bei Sharaf Travel (Tel. 3596667, Fax 3972276).

Sehenswürdigkeiten/Museen: Heritage Village (Shindagha; Karte, Planquadrat A 1): Je mehr sich die Architektur Dubais am Vorbild der Mega-Citys orientiert, umso deplazierter wirkt das So-schön-war-das-arabische-Dubai-einmal-Dorf; dennoch: Man bekommt eine gute Vorstellung, wie es war, als man hier noch vom Perlentauchen lebte.
Fort und Dubai Museum (Al Fahidi Fort, Creek; A 2): Durch das von Kanonen flankierte Portal stößt man im Innenhof der 1787 erbauten Festung zuerst auf das Modell eines typisch arabischen Hauses mit Windturm. Ausstellungsthemen: u. a. Leben im Meer, Moscheen, arabische Waffen, Perlentauchen, Luftaufnahmen, welche die Stadtentwicklung Deiras und Dubais eindrucksvoll dokumentieren.
Sheikh Saeed al Maktoum House (Shindagha, Creek nahe Port Rashid; B 2): Ende des 19. Jh. erbaute der Herrscher von Dubai diesen Palast, ein Musterbeispiel arabischer Architektur mit wunderbarem Ausblick auf den Creek. Geboten wird ein Überblick über die Gründer-Sheikhs der Emirate zurück bis 1833; Münz- und Briefmarkensammlung, eigene Ausstellungen über Wüste und Fischfang. Öffnungszeiten der Museen: Sa–Do 7.30 bis 14, 16–21 Uhr, Fr 16–21 Uhr.

Dhow Building Yard (Creek, Bur Dubai): kein Museum, sondern eine kleine funktionierende Dhau-Werft, wo die Holzboote nach alter Tradition repariert und gebaut werden.
Mushrif Park (Khawaneej Road, 9 km hinter Dubai Airport): der größte Erholungspark der Stadt mit Rummelplatz, Miniaturgebäuden aus aller Welt, Picknickareal, Pools (getrennt für Männer und Frauen).

Essen/Ausgehen: Die Liste guter Restaurants und Bars kann für Dubai nur lückenhaft bleiben.
Eines der besten Fischrestaurants ist der »Fish Market« (»Dubai Interconti Hotel«, Tel. 2227171); preiswerte und einfache libanesische Küche gibt es – ohne Alkohol, weil kein Hotelrestaurant – im »Automatic« (Riqaa St., Tel. 3440043); leckere persische Küche serviert das »Shahrzad« (»Hyatt Regency«, Tel. 2091234); gute Thai-Küche, aber etwas überteuert, findet man im »The Blue Elephant« (»Al Bustan Hotel«, Tel. 7054286).
Unter den Pubs ist das »Henry J. Beans« (»Capitol Hotel«) vor allem zur Ladies' Night am Dienstag voll mit Expats; laute Live-Musik erstickt tiefere Gespräche im seit Jahren beliebten »Pancho Villa's« (»Astoria Hotel«); angenehm und einer der neueren In-Plätze Dubais ist, mit Restaurant und Barbetrieb auf drei Etagen, das »Kasbar« im »Royal Mirage Hotel« (Tel. 3999999). Eine erstklassige Bar ist das »Vu's« im 51. Stock des »Emirates Towers Hotel« (Tel. 3300000).

Einkaufen: Dubai hat an seinem Ruf als Shopping-Paradies, so die weltweite Reklame, lange und hart gearbeitet. Jeden März steigt das große Shopping-Festival, der wohl einzige weltweit promotete Räumungsverkauf. Das ist bei hohem Dollarkurs aber auch die einzig wahre Schnäppchenzeit. Ansonsten sind die Preise so hoch wie in Europa, auch im Duty-Free-Bereich bietet Dubai keine spektakulären Preise. Wer Kameras oder Elektronik kaufen will, sollte vorher erkunden, was er zu Hause zu bezahlen hätte und wie er

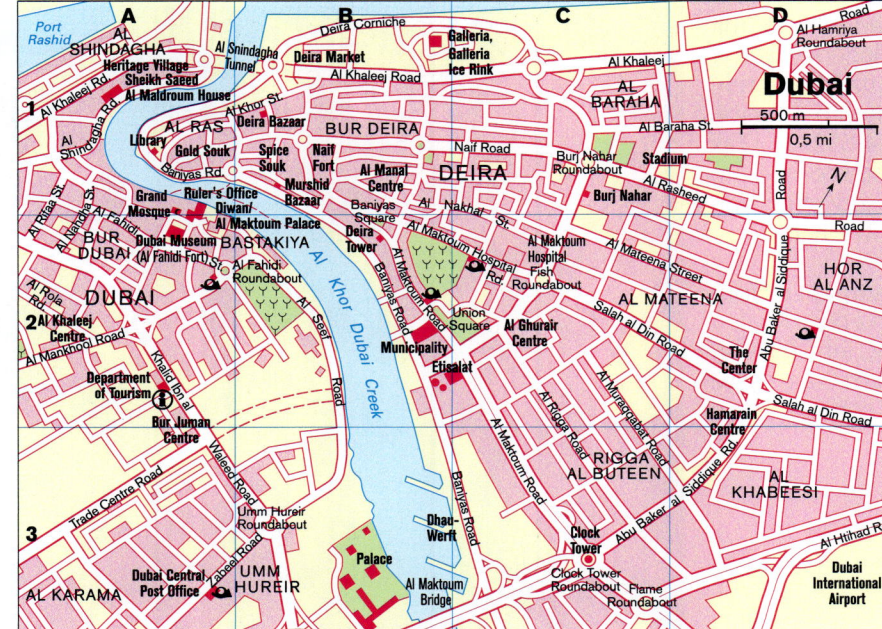

In Dubai-Stadt leben etwa 420000 Menschen

Dank künstlicher Bewässerung haben die Gärtner in Dubai viel zu tun

ungeschoren am heimischen Zoll vorbeikommt. Dennoch: Shopping wurde in den glitzernden und pompösen Malls von Dubai zum Kult erhoben. City Center, Wafi, Mercato, Hamarain und Bur Juman Center sind die Adressen für Kleidung, Schuhe, Parfums, Uhren, Schmuck und CDs. Im Al Ain Center, ein paar Schritte neben dem Bur Juman Center, findet man ausschließlich Computerläden.

Günstig bekommt man in Downtown, in den Souks rund um die Beniyas Square, beispielsweise Stoffe; Gold ist billiger als in Europa, oft aber auch weniger sorgfältig gearbeitet.

Ausflüge: Dubai Wildlife and Waterbird Sanctuary – man sollte bewaffnet sein – mit Tele oder Fernstecher. Am Creek nahe der Oud Mehta Road gibt es in dem Naturschutzgebiet Flamingos und seltene Vögel zu beobachten.

Hatta: Im Sommer, wenn an der Küste das Thermometer auf 50° C klettert, strömen die Dubaier in das rund 95 km entfernte Städtchen Hatta in den Hajar-Bergen. In grünen Wadis kann man, nahe an der Grenze zum Oman, an Bächen entlangwandern, in Pools baden und mit dem Vierradwagen abgelegene Dörfer erkunden. Unterkunft: »Hatta Fort Hotel«, ein luxuriöses Erlebnishotel mit arabischem Flair (Tel. 00971-4-852311, Fax 8523561, www.hattaforthotel.com).

Oase al-Ain: Rund 150 km südöstlich von Dubai (siehe Reise-Info Abu Dhabi).

Information: Dubai Department of Tourism and Commerce Marketing, Khaled Bin Waled Rd. (bei Citibank, Tel. 00971-4-3511600; www.dubaitourism.co.ae, www.godubai.com, www.dubai.com).

Sharjah

Karte: S. 112/113, Planquadrat D 5.

Anreise: Sharjahs International Airport wird von vielen Chartergesellschaften angeflogen; da Dubai nur 20 Autominuten vom Airport entfernt liegt, ist Sharjah eine Alternative zum Direktflug nach Dubai. Die Verkehrswege aus den übrigen Emiraten nach Sharjah sind sehr gut.

Unterkunft: Gut wohnt man ab 90 US-$ im »Al Sharq« (Tel. 00971-6-5620000, Fax 5620001), erheblich teurer und exquisiter im »Millenium« (Tel. 5566666, Fax 5560999).

Sehenswürdigkeiten/Museen: Amusement Park: Auf einer kleinen Insel im Khalid Creek vor der Corniche liegt dieser Rummelplatz (So–Do 16–22, Fr 10 bis 22.30 Uhr; Mo nur Frauen und Kinder).
Sharjah Natural History Museum & Desert Park (28 km Richtung Fujairah; hinter International Airport Exchange): Es gilt als das beste und spannendste Museum in ganz Arabien, das mit moderner interaktiver Museumspädagogik mit Flora, Fauna und Geologie der Emirate vertraut macht. Für Kinder gibt es ein Streichelgehege. Halle 1 besteht aus einem 35 m breiten Diorama über die Wüste und ihre Bewohner. Besonders beliebt ist im zweiten Ausstellungsraum das mechanische Kamel, das einen aufschlussreichen Blick in das Innenleben und die Funktions-

weise der Organe ermöglicht (Sa/So/Di/Mi 9–19, Do 11–17.30, Fr 14–17.30 Uhr).

Essen/Ausgehen: Ohne Drinks kein prickelndes Nightlife: Wer in Sharjah Spaß haben will, fährt nach Dubai. »Restaurants light« gibt es aber. Ein guter Chinese ist »Hai Tao«, ein empfehlenswerter Inder das »Bukhara« (beide im »Kempinski Hotel«, Tel. 06-7451515); auf einer Dhau, unübersehbar beleuchtet und im Khalid Creek vor Anker, diniert man mit Blick auf die Küsten-Skyline.

Einkaufen: Der Central Market ist der beste Shopping-Platz, gerade für persische Teppiche.

Ausflug: Gut 50 km sind es bis zur Oase **ad-Daid**, östlich von Sharjah, eine kleine Tour, die »nur« eine bezaubernde Landschaft mit rötlichgelben Dünen und sattem Oasengrün mit Dattelpalmen-Hainen und Zitronenplantagen zu bieten hat.
Zur Weiterfahrt kann man über Fujairah, und von dort an der Küstenstraße, die schon wieder zum Emirat Sharjah gehört, Richtung Norden fahren. Von dem Ort Diba windet sich die Passstraße Richtung Tayyibah durch das Wadi Ayyinah hoch in die Berge. Man sieht Palmenhaine, kleine Ortschaften, und bei Masafi, bekannt für seinen Wochenend-Souk mit persischen Teppichen, führt die gut ausgebaute Strecke über ad-Daid zurück nach Sharjah (ohne Übernachtung als Tagestour möglich; siehe auch Fujairah S. 41).

Information: Sharjah Commerce and Tourism Development Authority (Tel. 009716-5566777, Fax 5563000; www.sharjah.org).

Das Heritage Village im Stadtteil Al Shindagha von Dubai wurde 1997 eröffnet

Eine junge Händlerin verkauft traditionelle Waren im Heritage Village, einem erst vor wenigen Jahren erbauten »historischen« Beduinendorf

Kaffee frisch vom Feuer für die Touristen

Alter Brunnenzug

Mädchengruppe beim Tanz

Das Heritage Village in Dubai zeigt, wie einfach die Beduinen in den Emiraten vor dem großen Reichtum lebten. Zu dem Komplex gehört außerdem ein Diving Village, das Einblicke in den Alltag eines Fischer- und Küstendorfes Anfang des 20. Jahrhunderts gewährt. Zahlreiche Kulturdarbietungen ergänzen das Programm. An beiden Museumsdörfern entlang verläuft eine neue Promenade, von der man am Abend einen herrlichen Blick auf den Creek hat.

Live-Musik im Heritage und Diving Village

Emirate jenseits von Glitter und Pomp

Fotos: Rasenmäher und Palmenhain in Khor Fakkan, einer Exklave des Emirats Sharjah.

Kaum ein Tourist kennt ihre Namen: Die kleinen Emirate Ajman, Fujairah, Ras al-Khaimah und Umm al-Qaiwain sind so etwas wie der Hinterhof der glitzernden Metropolen Abu Dhabi und Dubai. Öl und Erdgas gibt es hier kaum, dafür aber dank des Hajarmassivs ergiebige Gebirgsquellen, die eine profitable Landwirtschaft ermöglichen. Nun wollen die kleinen Emirate aus dem Schatten der großen heraustreten und investieren in neue, schöne Hotelanlagen, errichten Zementwerke und Raffinerien.

Haj Abu Bakr, ein alter Mann mit weißem Bart, hat sich in der Mittagshitze für eine Pause in den Schatten der Dhauwerft von Ras al-Khaimah gelegt. Vom Meer weht über die breite, menschenleere Corniche eine Brise, die so warm ist, dass sie den Kopf und die Glieder wie ein unsichtbarer, drückender Wollschal einwickelt.

Touristen ist Haj Abu Bakr, der sein Alter nicht genau weiß, aber auf Ende 60 schätzt, gewohnt. Er mag für einen net-

Ras al-Khaimahs Fort wurde zum Museum umgebaut

Die Wüste bei Shimal: Bäume spenden Schatten

ten Plausch sogar Leute leiden, die ihm sein Nickerchen rauben – so lange sie zuhören. »Meine Familie ist schon immer hier gewesen«, erzählt er. Und wenn die Geschichten seiner Väter und Vorväter tatsächlich stimmen, dann hat man es hier mit einem Mann mit Familiengeschichte zu tun.

Die große Zeit der Perlentaucher ist schon lange vorbei

Haj Abu Bakrs Vorfahren arbeiteten als Schiffsjungen und Zimmerleute schon für die Briten, vielleicht auch vorher bereits für die Portugiesen. »Mit Piraterie, für welche die Küste hier berüchtigt war, hat meine Familie nie etwas zu tun gehabt – aber auch nichts dagegen getan«, berichtet er.

Sein Vater und sein Großvater verdingten sich als Perlentaucher. Tagsüber von einem Stein in die Tiefe des Meeres gezogen, um Austern zu pflücken, abends wurden die Schalen geknackt und die

Das nur 1700 Quadratkilometer große Emirat Ras al-Khaimah ist das nördlichste und fruchtbarste der sieben Vereinigten Arabischen Emirate. Grüne Felder und Oasen breiten sich an den Bergabhängen aus. Dort wachsen Orangen und Datteln. Aus der Ebene südlich der Hauptstadt, vor allem aus der Oase Diqdada, kommen Milchprodukte und Gemüse. Seine Fruchtbarkeit verdankt das Land den vielen ergiebigen Gebirgsquellen. Seit 1984 verdient Ras al-Khaimah sein Geld jedoch auch mit dem schwarzen Gold, das aus einer relativ kleinen unterseeischen Lagerstätte gefördert wird.

Erinnerung an kriegerische Zeiten: Wehrturm in den Bergen bei Shimal

Im Neonlicht erstrahlt das moderne Minarett im Emirat Ras al-Khaimah

Am Fuß des Hajar-Gebirges liegt die kleine Küstenstadt Rams

Dann geht es weiter durch den Souk von Ras al-Khaimah, vorbei an der Polizeistation zurück zur Hauptstraße, eine triste Teermeile.

Es ist kaum zu glauben: Eine gute halbe Autostunde südlich staute sich in Dubai der Verkehr zum Dauer-Chaos, in Sharjah bildeten die Straßen ein verwirrendes Labyrinth, umzäunt von pompöser Stadtarchitektur.

Dann, endlich draußen auf der Küstenstraße, wurden im Rückspiegel die Wolkenkratzer von Sharjah kleiner und kleiner, bis die Silhouette der Skyline schließlich im Hitzedunst verschwand. Dort beginnt mit der Lagunenstadt Ajman – das flächenmäßig kleinste der sieben Emirate – eine andere Welt.

Die Gegend im Norden hat nichts Glitzerndes, nichts Elegantes und Kosmopolitisches mehr, sie sieht aus wie der vernachlässigte Hinterhof des herrschaftlichen Dubai.

30 Kilometer beträgt der Unterschied zwischen neureichem Austernparadies

Perlen herausgeholt. Ein harter Job, der Erfolg war ähnlich wie bei einer Tombola – die Mehrzahl Nieten. Reich wurden nur die Großhändler. »Aber das ist schon lange vorbei. Die Erfindung der viel schnel- ler wachsenden Zuchtperle vor 70 Jahren hat das Geschäft ruiniert«, schließt Haj Abu Bakr seinen Ausflug in die Familiengeschichte, bevor er sich wieder an die Arbeit macht.

und alter Perlenküste. Jede Perle eine Träne, sagt man. Es muss viele Perlen hier gegeben haben.

Zum Glück erweist sich Ras al-Khaimah als schönster Ort im hohen Norden der Emirate. Die Stadt ist einladend, das fruchtbare Umland noch mehr. Es ist eine Freude, sattes Grün zu sehen, blühende Felder mit Futtergras und Mais. Immer wieder bietet die Landschaft an der Küstenstraße fantastische Ausblicke: Linker Hand das tiefblaue Meer des Persischen Golfes, rechter Hand weite Kornfelder und die nahen Massive des Hajar-Gebirges.

Doch nur selten ist der Blick frei von Überlandleitungen, oft in mehreren Reihen nebeneinander gepflanzt, die sich abwechseln mit Schwerindustrie, Zementfabriken und Öllagern, die mangels nennenswerter eigener Öl- oder Gasvorkommen die einzigen Einkommensquellen neben Landwirtschaft und Viehzucht darstellen.

suchte man die Beteiligung von Locals auf 25 Prozent festzuschreiben, um »die wirtschaftliche Souveränität der Emiratis über die Emirate zu bewahren«.

Aufstieg und Niedergang der Hafenstadt Julfar

Schon bevor es die Stämme und Stammesverbindungen gab, aus denen die Vereinigten Arabischen Emirate hervorgingen, existierte nahe des heutigen Ras al-Khaimah Anfang des 16. Jahrhunderts das Reich von Julfar, eine Stadt, die nach alten arabischen Urkunden bereits im 8. Jahrhundert als wichtiger Hafen bekannt war und sich wenige Kilometer nördlich des modernen Ras al-Khaimah befand.

Der portugiesische Seefahrer Vasco da Gama beherrschte ab 1498 als Vizekönig von Indien die gesamte Region. Anfang des 16. Jahrhunderts stand Julfar noch unter Kontrolle des Königreichs von Hor-

Kaffeekanne für den Kreisverkehr in Fujairah

Bergfort bei Fujairah

Unbegrenzte Öffnungszeiten: Kiosk in Fujairah

Der Süßwassersegen aus den Hajar-Bergen reicht nicht für großen Wohlstand. So leben die ärmeren Mitglieder der Vereinigten Arabischen Emirate auch von den Subventionen der reichen Föderationsgenossen wie Abu Dhabi und Dubai, die etwas von ihren Öl-Milliarden abgeben.

In gewisser Weise blickt man hier im Norden in die Zukunft der Emirate, kein ungetrübter Blick. So viele Expats arbeiten hier, dass die Locals, im Jahr 2000 war es die dritte Generation von Uni-Absolventen, kaum mehr Jobs bekommen. Im Privatsektor gab es gar nur 2,8 Prozent Locals. Per Verordnung

mus, das den Zugang zum Golf kontrollierte, bis die Portugiesen kamen und ab 1515 selbst die Zölle am Flaschenhals zwischen Europa, Arabien und Fernost erhoben. 1633 wurde Julfar kurz vor dem Rückzug der von Briten und Holländern bedrängten Portugiesen nach einem Aufstand zerstört.

Über Jahrhunderte sicherte neben der Perlentaucherei der Fischfang das Auskommen der Menschen am Golf – so auch auf der Halbinsel Umm al-Qaiwain. Mit 40 000 Einwohnern ist es das bevölkerungsärmste Emirat. Es bedeckt eine Fläche von 770 Quadratkilometern – und

ist damit etwa so groß wie Hamburg. Der Föderation der VAE trat Umm al-Qaiwain bei, aber mehr von den abziehenden Briten gedrängt als aus freien Stücken. Umm al-Qaiwain hält sich isoliert, und darauf sind die Quaiwainis auch noch stolz. Dubai ist vielen Älteren eine Lasterhöhle, für die Jüngeren schnell zu erreichen. Den Charme der Isolation strahlt die kleine Altstadt aus, ein Platz des beschaulichen Lebens, ein bisschen anachronistisch und für Emirate-Verhältnisse ein Leben in Zeitlupe.

Fast wirkt der Ort wie eines der vielen Heritage-Villages, in denen die Glitzer-

Altes, traditionelles Fischerboot am Strand von Fujairah

metropolen nostalgisch ihrer arabischen Vergangenheit nachhängen. Wenn irgendwo Kritik an den großen Sheikhs der Emirate formuliert wird, die ihren Glauben und ihre Herkunft für das Nachäffen westlicher Kultur und bloßes Geldscheffeln aufgegeben hätten, dann passiert das ganz offen in Umm al-Qaiwain. Allah schütze den hiesigen Sheikh, dass er nicht auch auf solche merkwürdigen Ideen komme.

Die Isolation wäre auch dem Emirat Fujairah, ohne Öl und Gas richtiggehend arm, ganz gewiss gewesen, wenn es nicht strategisch so günstig läge. Wie ein breiter Riegel versperrt das Hajar-

Reger Bootsverkehr herrscht im Golf von Oman

In den Emiraten bedecken die Männer ihr Haupt mit der Ta'eya

Das kleine Emirat Fujairah erstreckt sich zwischen dem Hajar-Gebirge und dem Golf von Oman und besteht aus etwa 50 Dörfern. Es ist vergleichsweise arm, weil es dort weder Öl-noch Erdgaslagerstätten gibt. Fischfang, Landwirtschaft und Geflügelzucht spielen eine große Rolle.

Gebirge den Zugang zu Fujairah am Golf von Oman, machte die Reise über Gebirgspässe mühsam und zeitraubend – bis der Highway kam.

Doch einzig via Fujairah haben die übrigen Emirate Zugang zum Golf von Oman und von hier, man muss in Welthandelsrouten denken, durch das Bab el Mandab vor Aden, eine freie Passage über Rotes Meer und Suezkanal ins Mittelmeer und damit nach Europa und zum Atlantik. Der Persische Golf mit Anrainern, wie Irak und Iran und einer leicht zu blockierenden Meerenge an der Hormus-Enge, war schon öfter Krisenherd. Damit eventuelle Konflikte den Handel nicht lähmen, wurden Fujairah und der Weg dorthin zur Handelsader und Frachtroute ausgebaut. Der Container-Hafen ist der drittgrößte der Emirate und wichtigste Geldquelle Fujairahs. 1996 ging auch die erste Ölraffinerie in Betrieb. Hier entsteht nach Dubai und Abu Dhabi die wirtschaftliche Nummer drei der Emirate. Der Weg zur Ostküste ist, abgesehen vom dichten Lkw-Verkehr, ein Erlebnis, sobald man das Hajar-Gebirge erreicht hat. Blauer Himmel, rötlich schimmernde Steinmassive, grüne Täler, Bachläufe, Wasserfälle und Wadis mit natürlichen Pools – Fujairah ist eine andere Welt.

Schnurgerade führt die aus den Bergen in die Ebene hinabfallende Straße in einen weiten, zum Meer hin offenen Kessel. Die Stadt ist großzügig angelegt. Auf Wolkenkratzer hat man verzichtet, auch Gärten angelegt, obwohl der fruchtbare Boden kostbar ist. Biologisch kontrollierten Gemüseanbau hat man auch eingeführt. Jährlich über 1,2 Millionen Schnittblumen gehen quer durch die Emirate in Blumenläden.

Fujairah: neues Top-Reiseziel auf der Arabischen Halbinsel?

Fujairah hat aber auch begonnen, den Duft von Geschäftigkeit zu verströmen. »Das 21. Jahrhundert«, sagt Sadi Ibrahim vom Fujairah Tourism Bureau, »wird dem Tourismus gehören.« Fehlende Hotelkapazitäten? »5000 Hotelbetten mehr – die bauen wir ganz schnell.« Attraktive Großereignisse, mit denen Dubai lockt? »Das machen wir auch, vielleicht ein internationales Oldtimer-Rennen.« Spannend ist das Gespräch mit dem Tourismus-Manager, weil er ganz offen zugibt, wie sehr es ihn ärgert, dass Dubai den Löwenanteil am Tourismusgeschäft hält, wo es doch auch in Fujairah so schön sei. Das ist es wirklich. Die Küste ist ideal zum Baden und Tauchen. Ein paar Kilometer ins Bergland gefahren, findet man bezaubernde Wadis. Nicht nur eins. Mindestens 20. Wirklich einmalig in den Emiraten ist Fujairahs Stierkampf. Keine blutige Corrida mit Stoßdegen wird da zelebriert, sondern ein Kampf exakt so, wie er schon im alten Ägypten und in Mesopotamien das Volk belustigte. Es verliert der Stier, der als Erster Reißaus nimmt.

In Ajman, dem kleinsten Emirat der VAE, wird eine Moschee restauriert

Zwei Generationen, zwei Outfits: der Großvater traditionell, der Enkel modern und bunt gekleidet

Ajman lebt traditionell von Fischfang und Bootsbau, Erdöl gibt es kaum

Anreise: Die Emirate Ras al-Khaimah und Fujairah haben jeweils einen eignen International Airport, der von Charterfliegern und Linien-Maschinen aus der Golfregion angesteuert wird.

Von den Emiraten aus wird man, außer von Abu Dhabi und al-Ain, meist das Auto nehmen. Die Straßen sind gut ausgebaut.

Ajman

Karte: Seite 112/113, Planquadrat D 5.

Unterkunft: Mit eigenem Strand, Sport- und Fitnessmöglichkeiten wohnt man ab 120 US-$ außerhalb im »Kempinski Hotel & Laguna Ressort« (Tel. 971-6-7451555, Fax 7451222; www.kempinski.com) oder ab 45 US-$ in der City im »Bana Beach Hotel« (Tel. 7429999, Fax 7429998).

Sehenswürdigkeiten/Museum: Das Ajman Museum in der ehemaligen Polizeifestung vereinigt verschiedene Sammlungen: Waffen, Staatsgeschenke an den Emir, archäologische Funde; besonders gelungen ist die Rekonstruktion des alten Souks im Innenhof (Fr–Mi 9.30–13, 16 bis 19 Uhr).

Essen/Ausgehen: Zum »Kempinski Resort« gehören ein »Café Kranzler«, ein Libanese, ein indisches und ein chinesisches Restaurant; außerhalb des Hotels ist der Italiener »Venice« eine Alternative, schön am Strand gelegen.

Einkaufen: An der Autobahn Richtung Ras al-Khaimah gibt es ein kleines City Centre; kleine Geschäfte im Souk.

Information: Ajman Chamber of Commerce, Tel. 7422177.

Fujairah

Karte: Seite 112/113, Planquadrat D 5.

Unterkunft: Die beste Hotelauswahl gibt es hier: Im »Fujairah Hilton« (Tel. 09-2222411, Fax 2226541; www.hilton.de/fujairah) hat man ab 160 US-$ die Wahl zwischen Zimmern und Chalets, dazu ein großes Sportangebot (u. a. Tauchbasis), auch für Kinder. In die Luxus-Klasse fällt gleicher-

maßen das »Ritz Plaza« (Tel. 2222202, Fax 2232111); bereits ab 90 US-$ nächtigt man im »Fujairah Beach Motel & Chalets« (Tel. 228111, Fax 228054; www.fbmotel.com). Im »Sandy Beach Motel« (Tel. 22445555 Fax 22445354; www.sandybm.com) können Selbstversorger ab 109 US-$ Chalets mit Kochnische mieten; sehr schöner Garten.

Sehenswürdigkeiten/Museen: Das »Alte Fujairah«, eine rund 300 Jahre alte Siedlung aus Lehmziegelhäusern, diesen Kontrast zur modernen City muss man sehen. Die Festung Qasr Fujairah aus massivem Granit und Feuerstein ist stark ramponiert; sie wurde 1920 von der britischen Marine bombardiert. Den Besuch des Fujairah-Museums kann man sich sparen.

Essen/Ausgehen: Das »Octavia«, die »Neptun Bar«, »Sailors' Terrace« und »Tropicana« im »Hilton« sowie der Sundance Club und das Momtaz im »Ritz« sind die Ausgehplätze.

Ausflüge: Khor Fakkan, Diba: An der einzigen Route, die von Fujairah Richtung Norden führt, liegen diese beiden Orte, die zum Emirat Sharjah gehören. Die Küstenstraße führt durch Palmenhaine auf der Linken, das Meer auf der Rechten, und Khor Fakkan, früher wichtiger Dhau-Handelshafen und Stützpunkt der Portugiesen. Der Ort besteht im Wesentlichen aus zwei Straßenzügen, zieht aber auf Grund seines natürlichen Hafens und der weiten Strände recht viele Bade- und Tauchtouristen an.

Weiter nördlich liegt die Palmenoase Diba, heute ein wichtiger Handelshafen mit einem sehenswerten traditionellen Fischmarkt. Die Straße führt nicht weiter nach Norden; Berge riegeln den Oman von den Emiraten ab; ein Teil von Diba liegt aber bereits im Oman, was man

wahrscheinlich ohne entsprechenden Hinweis nicht merken würde. An den Stränden kann man Fischer beim Entwirren der Netze beobachten, andere legen Fische zum Trocknen in der Sonne aus. Unterkunft in Khor Fakkan: »Oceanic Hotel« mit Tauchcenter (Tel. 09-2385111, Fax 2387716).

Badiyah: Der kleine, oft als »Osmanische Moschee« bezeichnete weiße Bau, 9 km nördlich von Khor Fakkan, ist mehrere hundert Jahre alt, genau weiß man es nicht. Sie gilt als die älteste Moschee der Emirate und wird bis heute genutzt.

Kalba, südlich von Fujairah an der Coastal Road, war einst ein eigenständiges Emirat, bis 1937 nach dem Tod des Emirs ein Streit um die Thronfolge begann, der 14 Jahre später mit der Eingliederung Kalbas in das Emirat Sharjah endete. Schön ist ein Spaziergang zum Mangroven- und Naturreservat am Meer. Unterkunft: »Marine Motel« (Tel. 09-2778877, ab 40 US-$, kein Alkohol).

Wadi Wurayyah Waterfall: Der Wasserfall liegt, gerechnet von der Einfahrt zum Wadi (diese befindet sich 5,3 km nördlich von Khor Fakkan) nur 18 km entfernt. Für die relativ kurze Strecke sind 4WD und Wadi-Erfahrung unerlässlich; hin und zurück sind ein guter halber Tag einzuplanen. Der Wasserfall ist ca. 10 m hoch; im Pool darunter kann man sich das ganze Jahr über abkühlen und baden. Genügend Zeit mit Tageslicht für die Rückfahrt einplanen.

Information: Fujairah Tourism Bureau (Tel. 2231436, Fax 2231006; www.fujairah-tourism.com).

Ras al-Khaimah

Karte: Seite 112/113, Planquadrat D 5.

Unterkunft: Fünf Sterne hat das »Ras al Khaimah Hotel and Resort« (Tel. 07-2352999, Fax 2352990; E-Mail rakhotel@emirates.net.ae), das angenehm auf einem Hügel über der Bay liegt und mit dem Pool und dem Ausblick auf See und Berge das Alkohol-Ausschankverbot kompensiert.

Blick und Drinks hat das »Bin Majid Beach Hotel« (Tel. 2352233, Fax 2353225) mit riesigem Pool. Ein Top-Hotel ist das »Al Hamra Fort« (Tel. 2446666, Fax 2446677). In der

Nur die Ruhe bewahren: Autopanne in der Wüste

City findet man das einfachere »Al Nak-heel« (Tel. 2228222, Fax 2222922) mit Zimmern ab 52 US-$.

Sehenswürdigkeiten/Museen: Ras al-Khaimah National Museum & Old Fort: Hauptsächlich ist es die Sammlung arabischer Silberarbeiten im Erdgeschoss des alten Forts mit schönem Hofgarten, die die Besucher anzieht. Zudem gibt es noch eine Muschelsammlung zu sehen. Archäologisch interessant sind die rund 5000 Jahre alten Töpferarbeiten und Bruchstücke aus Ubaid im heutigen Irak, zumal sie die regen Handelsbeziehungen zwischen der Region im Süden des Persischen Golfs und Mesopotamien belegen (tgl. 8–12, 16–19 Uhr; Do nur Frauen). Das Fort selbst steht auf den Ruinen einer von Persern erbauten und 1819 von Briten zerstörten Festung.
Dhau-Werft: Wenn es eine Werft für die arabischen Küstenschoner gibt, die man sehen sollte, dann ist es diese hier am Creek Al Khor des kleinen Emirates: Die Werft ist nicht groß, aber immer in Betrieb, und am frühem Morgen besucht man vorher noch den Fischmarkt, ebenfalls klein, aber sehr lebhaft und arabisch.

Essen/Ausgehen: Wenig Alternativen – hier isst man im Hotel oder außerhalb Fastfood und Pizza.

Ausflüge: Digdagga: Vor allem freitags 11 km Richtung Südosten lohnt sich der Trip in den Ort, der wegen seiner Kamelrennen bekannt ist. Der hiesige »camel track« ist kein Rundkurs, sondern ausnahmsweise eine gerade Bahn. Seit Mit-

Fort in Umm al-Qaiwain

te der 1950er-Jahre ist Digdagga eines der Landwirtschaftszentren der Emirate.
Shimal–Rams–as-Sa'm: Der Weg von Ras al-Khaimah nach Shimal, das ca. 5 km nördlich liegt, ist so kompliziert, dass man sich am besten durchfragt. Shimal kennt hier jeder, da die meisten, obwohl wissenschaftlich unhaltbar, daran glauben, dass in Shimal die Königin von Saba einen Palast unterhielt; eher handelt es sich um eine syrische Königin namens Za'aba aus Palmyra, die um 350 n. Chr. hier weilte. Die Festungsruinen Qasr al-Zuuba liegen auf einem von Osten leicht zugänglichen Hügel. Um Shimal entdeckten Archäologen, die hier noch am

Anfang ihrer Arbeit stehen, viele Gräber mit nur einer Kammer, während weiter nördlich bei Khor Khowair Doppelkammern freigelegt wurden.
Zurück auf der Hauptstraße fährt man Richtung Norden weiter bis Rams, einen Fischerort, der bis 1820 der Haupthafen der legendären Piratenküste war. Mit der zweimaligen Zerstörung aller Piratenschiffe durch die Briten endete Rams' Historie. Land's end ist schließlich in as-Sa'm erreicht, das direkt an der omanischen Grenze vor einer wunderschönen Bergkulisse liegt. Hier kann man nur umkehren, nachdem man den kleinen, eher schäbigen Souk besucht hat.
Wadi al-Bih: Eine aufregende Off-Road-Tour, für die ein 4WD und ein omanisches Visum nötig sind, führt durch das Wadi al-Bih über einige der höchsten Plateaus der Arabischen Halbinsel hinüber zur Ostküste nach Diba. Für die 70 km auf teils schmaler Piste braucht man einen ganzen Tag, dafür bekommt man aber auch herrliche Berglandschaften, hunderte Meter hohe Steilwände zu sehen. Die Halbinsel Musandam (siehe Seite 63f.) ist im Norden der Arabischen Halbinsel die omanische Enklave an der Meerenge von Hormus; Oman-Visum und VAE-Wiedereinreise-Visum sind nötig.

Information: Ras al-Khaimah Information & Tourism Office (Tel. 2221333, www.raktourism.com).

Umm al-Qaiwain

Karte: Seite 112/113, Planquadrat D 5.

Unterkunft: Ab 120 US-$ wohnt man in einer der Villas des »Beach Hotel« (Tel. 06-7666647) oder – für das halbe Geld – nahe dem Creek im »Pearl Hotel« (Tel. 7666678); in der Nähe des »Marine Club and Riding Centre« liegt auch das »Palm Beach Hotel« (Tel. 7667090) mit Pool und Strand, Zimmer ab 100 US-$.

Einkaufen: Am besten in den kleinen Shops und dem Souk an der King Faisal Rd.

Ausflüge: Falaj al Mualla: Die Oasen-Stadt liegt rund 52 km von Umm al-Qaiwain entfernt (2 km vor ad-Daid), ein kleiner beschaulicher Ort; die Strecke dorthin führt durch schöne Dünenlandschaft.

Information: Chamber of Commerce & Industry, Tel. 7656915.

Beliebter Bade-Treff ist das »Kempinski Hotel & Laguna Ressort« am Strand von Ajman

Das alte Fort in Ajman mit seinen Wind- und Rundtürmen wurde in ein Museum umgewandelt

Die älteste Moschee der VAE bei Badiyah

Kleine Moschee in Shimal

1971 wurde die VAE als reines ökonomisches Zweckbündnis gegründet. Sie hat sich jedoch nicht nur zu einem wirtschaftlich, sondern auch politisch erstaunlich erfolgreichen Staatswesen entwickelt und sich in der politisch konfliktgeladenen Golfregion behaupten können. Dabei sind die Interessengegensätze zwischen den einzelnen Emiraten teilweise erheblich, etwa zwischen dem superreichen Abu Dhabi und dem erdöllosen Fujairah.

Heuernte bei Khor Fakkan

Eine Mini-Ausgabe des Souks von Sharjah ist der Souk in Khor Fakkan

Zwischen Hightech und Traditionen

Gr. Foto: Internet-Café in Muscat. Kl. Foto: traditionell gekleidete Frau.

Offen fürs Internet, verwurzelt in der arabischen Vergangenheit – der Sprung in die Moderne vollzog sich im Oman in Atem beraubendem Tempo. Dahinter steckt einzig und allein ein Mann: der charismatische Sultan Qaboos. Er übernahm 1970 die Macht und führt den Oman mit Umsicht in die Zukunft. Politisches und touristisches Zentrum ist die »Capital Area« mit Muscat im Mittelpunkt. Hier lebt ein Drittel der Gesamtbevölkerung, finden sich die meisten Hotels und Sehenswürdigkeiten.

Die junge Frau hockt am Eingangstor zum Souk Aldhalam, trägt die knöchellange Dishdasha, darunter die Sirwal, eine weit geschnittene Hose, über dem Kopf die Lihaff. Aus einem kleinen Brenner strömt der Geruch von glimmendem Weihrauch, den die Frau verkauft. Am Handgelenk und an den Fingern trägt sie Gold, einfache Arbeiten. Gleich neben ihr bieten fliegende Händler Zigaretten, Seifen und Messer an, feilschen um Preise für Socken und dünne Schals. Jenseits der Hauptstraße verliert sich der Souk in einem Labyrinth von Gassen, die zum Schutz vor der Sonne bedeckt sind mit einem Palmendach. Eilige Touristen sind gleich hinter dem Eingangstor in die Gassen der Silberschmiede und Goldhändler abgebogen, auf der

Fisch – frisch eingetütet in Matrah

Sauber, geordnet – Matrahs Fischmarkt ist der ordentlichste im Orient

Suche nach Schmuck und Khanjars, den omanischen Krummdolchen.

Tiefer im Souk in den schmalen Geschäften dösen Händler vor Bergen von bunten Stoffballen, andere schneiden Meterware zu. Etwas weiter wird das Gedränge noch dichter. Dort lassen sich Männer Parfums aus Sandelholz und Rosenwasser mischen. Ganz in der Nähe bieten Gewürzhändler Kümmel, Safran, Curry, Pfeffer, Kardamom, Koriander und Ingwer aus Säcken zum Kauf an. Viele Omanis haben sich mit Jasmin und etwas Moschus parfümiert. Über dem ganzen Souk liegt ein unbeschreiblicher Duft – die Wohlgerüche Arabiens.

Der Souk am Hafen von Matrah ist einer der schönsten Arabiens, der einzige, der es mit dem Bazar Khan el Khalili in Kairo

Im Gemüse-Souk begutachten zwei Männer die Ware

Matrah ist das Handelsherz des alten Muscat und seit Mitte des 19. Jahrhunderts traditioneller Umschlagplatz für den Handel mit dem Hinterland. Der Fischmarkt ist geradezu penibel sauber und geordnet, wie es omanische Art ist. Aber bezaubernd orientalisch wird es im Souk, der nur fünf Gehminuten entfernt liegt. Hier warten Händler mit Gold, Gewürzen und Essenzen. An der Hafenfront haben sich noch viele große Handelshäuser erhalten, die im Untergeschoss ein Verkaufs- und Schreibbüro beherbergten, darüber Wohnung und Warenlager.

Alte Handelshäuser prägen Matrahs Hafenfront

Zwischen Bucht und Meer verläuft die Corniche von Matrah

und den berühmten Souks des Maghreb an Originalität und Unverfälschtheit aufnehmen kann.

Fünf Gehminuten entfernt, am östlichen Ende der Bucht, riecht es auch sehr intensiv, allerdings nach Fisch. Schon seit dem frühen Morgen haben die Fischer den Fang der Nacht von den Dhaus gehievt. Thun- und Tintenfische, Haie, Sardinen, Makrelen und Hummer warten auf dem Boden ordentlich sortiert auf Käufer.

Es geht nicht laut zu beim Handeln; das Angebot ist viel größer als die Nachfrage. Ein paar Männer säubern für wenig Geld die Fische von Schuppen, schneiden Köpfe ab und filetieren, wenn gewünscht, portionsgerecht. In den hinteren Reihen haben sich die Obst- und Gemüsehändler mit Bananen, Mangos, Gurken aufge-

Beeindruckende omanische Monumentalarchitektur: die Zawawi-Moschee in Muscat

Das Kastell Al Mirani erhebt sich mit dem Zwillings-Fort Jalali über Muscat

baut. In der Bucht ankert ein Frachter, Dhaus ziehen hinaus aufs Meer. Vor der Häuserzeile am Hafenbecken, weiß getünchte Gebäude, warten Taxis und Kleinbusse. Alles wirkt so sauber und aufgeräumt, dass man sich schon fast wieder ein bisschen mehr Staubpatina wünscht, um sich wirklich in Arabien zu fühlen.

Matrah ist das lebhafte Handels- und Hafenviertel, bildet am Rand des Hajar-Gebirges mit dem eleganten, drei Kilometer entfernten Muscat und der landeinwärts gelegenen, nicht minder modernen Wohn- und Shoppingstadt Ruwi die Hauptstadtregion, in der 40 Prozent der Bevölkerung Omans leben.

Rundum sind rasant wachsende Stadtteile entstanden, wie MSQ, die Medinet Sultan Qaboos, die Sultan-Qaboos-Stadt, Al Qurum mit vielen Strandhotels, Al Ghubrah und Al Khuwair.

Das »Sultanat Oman« ist mit rund 300 000 Quadratkilometern fast so groß wie die Bundesrepublik, wird aber nur von 2,5 Millionen Menschen bewohnt; 40 Prozent davon sind Pakistaner, Inder, wenige Europäer, alle minder oder höher qualifizierte Gastarbeiter im Reich des Sultans Qaboos bin Said al Said.

Sultan Qaboos: Vorzeige-Omani mit englischem Militärexamen

Der charismatische Sultan, der 1940 in Salala geboren wurde, gilt als das Ebenbild des Omanis, tritt auch im Ausland immer in Dishdasha mit brokatgesäumtem Umhang, Krummdolch und Wickelturban auf. 1970 hat er, Absolvent der englischen Sandhurst-Militärakademie, die Macht übernommen, wie es im Oman heißt, ohne meist näher darauf einzugehen, dass er in einem unblutigen Putsch seinen Vater, der gerade in London urlaubte, entmachtete und auch nicht mehr ins Land zurückkehren ließ. Für den Oman, ein Armenhaus am Golf,

verstrickt in blutige Stammes- und Machtkämpfe, begann der Aufbruch ins 20. Jahrhundert. 1970 gab es im ganzen Land nur eine einzige geteerte Straße. Das Bab al Kabir und die drei anderen Tore der Stadtmauer, innerhalb der nur die wohlhabende Schicht leben durfte, wurden nachts geschlossen. 15 000 Menschen lebten damals in Muscat, nur ein Drittel mehr als im 17. Jahrhundert.

Maskat«, schrieb 1765 der Orientreisende Carsten Niebuhr, »ist sowohl durch die Natur als auch durch Kunst gut befestigt. Auf und an den steilen Klippen an beiden Seiten des Hafens, in welchem die größten Schiffe vor allen Winden sicher vor Anker liegen können, sind ver-

Blick ins Hotel-Foyer des »Al Bustan Palace«

Portal des Oman-Museums   Tattoos à la Arabia – Henna-Dekor (unten)

schiedene Batterien und Kastelle, die stark mit Kanonen besetzt sind. Von Letzteren sind besonders die beiden Kastelle Mirani und Jalali merkwürdig, weil sie am geräumigsten sind und dicht an der Stadt auf steilen Klippen liegen. Die Stadt ist mit einer Mauer umgeben, die zwar nur schwach ist, aber acht Türme oder vielmehr Batterien mit Kanonen hat.«

Der Oman investiert seine Öl-Milliarden in die Zukunft

Heute ist Muscat so sauber wie Singapur. Zigarettenkippen auf die Straßen zu werfen, ist ebenso verpönt wie ein schmutziges Auto zu fahren. In den Glasfassaden schicker Hochhäuser spiegeln sich von Palmen gesäumte Boulevards. Alte Paläste wurden abgerissen, erhaltenswerte Bausubstanz restauriert.

Der Aufbau einer modernen Wirtschaft begann, wohl wissend, dass die nicht gerade üppigen Ölreserven Omans irgendwann, heute schätzt man um 2020, aufgebraucht sein würden. Die damit verbundene Suche nach neuen Einnahmequellen machte auch erst den Oman-Tourismus möglich, dem sich das Land lange so eisern verschlossen hatte wie Saudi-Arabien. Wirtschaftlich sucht man den Anschluss an die globalen Wirtschaftsmärkte.

Statt der damals in den 1970er-Jahren noch hohen Kindersterblichkeit hat der moderne Oman eine der höchsten Geburtenraten der Welt. Hospitäler und Schulen entstanden im ganzen Land nach westlichem Standard. Arbeitslosigkeit gibt es kaum. Selbst die kleine Armee muss mangels Einheimischer Soldaten im Ausland, bevorzugt im Westen

Schon der Name Muscat ist für viele Europäer der Inbegriff von Orient. Auch wenn man die Erwartungen angesichts der rasanten Entwicklung des Landes nicht zu märchenhaft hoch ansetzen sollte, ist die 600 000-Einwohner-Kapitale Muscat im Vergleich zu anderen Golf-Städten sicher noch die »arabischste« Metropole – obwohl Sultan Qaboos einen Großteil der alten Häuser als »Zeugnisse der Rückständigkeit« abreißen ließ. Geblieben sind aber noch alte Festungen, Stadttore, einige kunstvoll restaurierte Handels- und Herrenhäuser und stimmungsvolle Basare.

Pakistans, rekrutieren. Man achtet darauf, um nicht den Fehler der Golf-Nachbarn zu wiederholen, dass die Omanis, besonders auch Frauen, uneingeschränkten Zugang zur Bildung haben und auch tatsächlich ihre erlernten Berufe ausüben können. Dem Sultan ist sehr wohl be-

Omanische Kleiderordnung: für Mutter mit Kind,

wusst, dass früher oder später, wie jetzt schon in der übrigen Region, die Expats von Einheimischen ersetzt werden müssen, wenn man nicht ein Heer hoch gebildeter einheimischer Arbeitsloser produzieren will.

Das tadellose Reiseland am Golf

Der Oman ist nicht so reich wie die anderen Golfstaaten, aber wohlhabend, wofür als Symbol des neuen Oman das dezent prunkvolle »Bustan Palace Hotel« steht. In den Medien taucht das Land, außer auf den Reiseseiten, so gut wie nicht auf. Zuletzt kam der Oman 2003 in die Presse: Damals bekamen Frauen das aktive und passive Wahlrecht.

Alles scheint ein wenig zu tadellos; auch Amnesty International hat an dem autokratisch regierten Land wenig zu kritisieren. Sultan Qaboos' Vater hatte es nicht verstanden, die Ölmilliarden sinnvoll einzusetzen, bunkerte das Geld und dachte, mehr aus Ohnmacht denn aus Bösartigkeit, nicht daran, sein Land aus dem Dornröschenschlaf, der schon komatöse Züge trug, zu erwecken. Nach der »Dunkelheit neues Licht über das omanische Volk«, das versprach der putschende Jung-Sultan Qaboos 1970 und eroberte die Herzen seiner Untertanen, indem er gelobte, an die Zeiten der Blüte und der Unabhängigkeit anzuknüpfen. Seit 3000 v. Chr. lebte die Küstenregion, mit Unterbrechungen, vom Handel und

... den omanischen Mann mit Khanjar ...

war in der damaligen Welt schon berühmt für die Weihrauchharze. 1793 wurde das im 6. Jahrhundert wahrscheinlich von Jemeniten gegründete Muscat, der Name bedeutet Anker, Hauptstadt, nachdem Sultan bin Said die Portugiesen vertrieben hatte. Ende des 18. Jahrhunderts stellte Oman ein mächtiges Reich dar, das bis Mombasa, Sansibar und tiefer südlich entlang der Ostküste Afrikas reichte, eine Zeit lang auch bis Pakistan

und Indien. Große Unabhängigkeit bewahrten die Omanis auch unter den Briten, die sich seit Anfang des 16. Jahrhunderts am Golf den Seeweg nach Indien sicherten. Das Verhältnis war so sehr von Geschäftsfreundschaft geprägt, dass Oman gar nicht erst unter das Joch des Protektorats gespannt werden musste. Die wirkliche Gefahr für den Oman kam meist aus dem Inneren, von den Stämmen im Hinterland, die sich den Küsten-

... und das noch unverschleierte Mädchen

sultanen nicht beugen wollten und sich, etwa im 19. Jahrhundert, vom Küsten-Oman lossagten. Gefördert wurde die Instabilität im Oman durch den islamischen Ibadhi-Glauben, zu dem sich bis heute 75 Prozent der Omanis bekennen. Er lehnte, zumindest ursprünglich, eine durch Blut geregelte Thronfolge ab. Sieht man heutzutage Sultan Qaboos regelmäßig mit Konvoi und in Begleitung seiner Regierung durch die Provinzen fahren, um sich die Wünsche und Beschwerden im Land anzuhören, dann ist diese oft als »Meet the people«-Tour bezeichnete Reise ein Instrument, den Zusammenhalt, die Einheit zu festigen und immer wieder zu demonstrieren.

Karte: Seite 112/113, Planquadrat E 7.

Anreise: Oman Air, Emirates, Gulf Air und alle europäischen Fluggesellschaften steuern Muscat täglich an, oft mit Zwischenstopp in Abu Dhabi, Kuwait oder Dubai. Die übrigen Golfstaaten erreicht man von Muscat aus mehrmals täglich.

Unterkunft: Das Angebot an Hotelzimmern ist in erster Linie auf Reisende mit hohen Ansprüchen ausgerichtet. Mit mindestens 160 US-$ pro Nacht und Doppelzimmer muss der Individualreisende rechnen. Das Spitzenhaus des Landes ist der extravagante »Al Bustan Palace« (Tel. 00968-24799666, Fax 24799600), der im Stil eines orientalischen Märchenpalastes eigens für das Treffen der GCC 1985 erbaut worden ist. Die Strandhotels von Shati al Qurum sind ausnahmslos beeindruckende Wohnpaläste: u. a. »Grand Hyatt« (Tel. 24641234, Tel. 24605282; www.hyattmuscat.com), »Intercontinental« (Tel. 24680000, Fax 24600012). Günstiger ist das etwas abgelegene, aber angenehme »SAS Radisson Hotel« (Tel. 24687777, Fax 24687778) in Al Kuwair, jeweils 15 Minuten von Airport und City entfernt. Zu Ruwi gehört das »Sheraton Oman« (Tel. 24799899, Fax 24708703; E-Mail sheraton@gto.net.om) mit einem fantastischen Blick auf den Hajar.
Wer mehr aufs Budget als luxuriöses Wohnen achtet, liegt nahe Souk und Fischmarkt im einfachen, aber vielfach empfohlenen »Nahda Hotel« richtig (Tel. 24714196, Fax 24714994).

Sehenswürdigkeiten: Oman Museum: Schon der Ausblick, den das auf dem »Information Hill« gelegene wichtigste Museum des Landes bietet, wäre die Anfahrt wert. Themen: Archäologie, Geologie, Handelsgeschichte des Oman seit dem 3. Jt. v. Chr., Waffen, Kunst, Handwerk und Dhaus (Medinet al Sultan Qaboos, Sa–Mi 8–14, Do 8–13.30 Uhr).
National Museum: In der ersten Etage sind Dolche, Schmuck, Silberarbeiten, Dhau-Modelle sowie Münzen und Korrespondenzen der Sansibar-Herrscher ausgestellt. Zudem ist dort ein 1056 g schwerer, bräunlich grauer Mars-Meteorit zu sehen, einer von weltweit nur 15; gefunden wurde das Exponat in der Region Dhofar (Ruwi, Sa–Do 8–14 Uhr).
Natural History Museum: Die Ausstellung macht mit Flora und Fauna des Landes vertraut, Fossilien führen in die geologische Geschichte bis zu den Gas- und Ölfunden. Nicht verpassen darf man die separate Wal-Ausstellung mit einem 25-Meter-Skelett, daneben reichlich Infos über Wale (Al Khuwair, Sa–Mi 8–14, Do 9–13, Fr 16–19 Uhr).
The Sultan's Armed Forces Museum/Bait al Falaj: Sultan Said bin Sultan errichtete 1845 diese heute makellos renovierte Festung, deren Ausstellung sich Waffen, Uniformen und der Militärgeschichte Omans seit den Stammesauseinandersetzungen in vorislamischer Zeit widmet. Zu sehen ist auch der erste gepanzerte Cadillac von Sultan Qaboos (Ruwi, So, Mo, Mi, Do 8–13.30 Uhr).
Omani French Museum/Bait Fransa: 13 französische Konsule residierten von 1894–1920 in dem wunderschönen klassisch arabischen Gebäude, um 1840 als Muscat-Residenz für die Sultansnichte Ghaliya bint Salim bin Sultan erbaut (Stadtplan, Planquadrat A 2; Sa–Mi 8–14 Uhr).
Bait al Zubair: Eine kommerzielle Ausstellung mit Verkaufsshop. Das Haus an der Al Saidiyah St. von Muscat zeigt alten und neuen Lebensstil der Omanis: Schmuck für Männer und Frauen, Dolche, Zerstäuber für Rosenwasser und Parfums, Weihrauchgefäße (Mo, Mi 16–19, So, Di, Do 9–12.30, Sa 16–20 Uhr).
Jalali (C 1/2) und Mirani Fort (B 1): Die beiden Festungen mit Schießscharten und Kanonen wurden im späten 16. Jh. von den Portugiesen erbaut und flankieren die Bucht und den weiten Sultanspalast der Muscat Bay. Wegen der Nähe zum Royal Alam Palace ist eine Besichtigung nicht möglich; Fotos sind allerdings erlaubt, auch vom Alam Palace.

Essen/Ausgehen: Ein schöner Treff zum Kaffee oder Snack ist das »Majlis al Shams« im Atrium des »Intercontinental Muscat«. Kaffee, Kuchen, Snacks und Surfen im Internet bieten im »Alasfoor Plaza« das »Cyberworld« (Tel. 24566740) sowie im »Capital Commercial Centre« das »First Internet Café« (Tel. 24560800). Sehr gute iranische Küche serviert das »Shiraz« (Tel. 24560100) im »Crown Plaza Hotel«, Ruwi; traditionell libanesisch sind Küche und Atmosphäre – mit Bauchtanz! – im »Fakhruddin« (Tel. 24704244) im »Ruwi Novotel«. Nobel speist man europäische und arabische Küche im »Al Marjan« (Tel. 24799666) des »Bustan Palace«; Oriental Food aus Fernost serviert u. a. das »Marjan« (Tel. 24641234) im »Grand Hyatt«. Indisch essen zu gehen darf man in Muscat nicht verpassen; empfehlenswert: u. a. das »Mumtaz Mahal« (Tel. 246605979; Qurum Park) mit Live-Musik. Obwohl man in Oman bei Alkohol tolerant ist, hält sich das Nachtleben in Grenzen. Der »Club Safari« im »Grand Hyatt« hat einen echten 4WD-Jeep im Lokal stehen, eine ganz in Khaki gekleidete Band; auch die anderen Night Spots gehören zu Hotels: das »Churchill's« (Di: Ladies' Night) im »Holiday Inn«, die »Saba Disco« im »Sheraton Oman«.

Einkaufen: Der Mutrah Souk Aldhalam ist die Adresse schlechthin: U. a. gibt es dort Dolche, bunte Schals, Wasserpfeifen, Malerei, Gold- und Silberschmuck, Lederwaren und Weihrauch. Traditionelle Handwerkskunst erwirbt man nahe dem »Interconti« in Qurum im National Heritage Village, eine von der Regierung geförderte Handwerksgalerie. In Qurum befinden sich einige der großen und nicht ganz billigen Shopping Malls (u. a. Al Araimi, Al Harthy, Al Khamis, Al Asfoor Plaza, Khimji Mega Store und Jawharat al Shati nahe dem »Intercontinental«), in denen man so buchstabiert: Aigner, Bugatti, Cartier, Dior ...

Ausflüge: Als Tagesausflug ist ein Trip nach Nizwa möglich (siehe S. 64) oder nach Barka (siehe S. 63), wo es eines der schönsten Forts zu besichtigen gibt.

Information: Ministry of Tourism, Tel. 24588700, Fax 24588819, www.omantourism.gov.om. Eine Oman-Site auf Deutsch und Englisch findet sich unter www.oman.de.

Muscat ist nur ein Teil der »Capital Area«

Reise in die zauberhafte Welt der Dschinne

Gr. Foto: im Hafen von Hasab. Kl. Foto: in den Wahiba Sands.

Zwischen Golf von Oman und Hajar-Gebirge erstreckt sich die Batinah. Von ihrer Küste wurde einst weltweit mit Weihrauch, Porzellan und Gewürzen gehandelt. Hier gingen die Perlentaucher ihrer Arbeit nach. Bei ihren Reisen wurden die Seeleute begleitet von Sängern, die sich ihre Meldodien von den Dschinnen, den Geistern Arabiens, abgehört hatten. Ihre Heimat liegt in der Ramlat al-Wahiba, einer Bilderbuchwüste im Nordwesten. Eine Oman-Exklave an der Straße von Hormus ist die Musandam-Halbinsel mit ihren einsamen Fjordlandschaften.

Für »Arnold«, nicht zufällig den Vornamen eines berühmten Schwarzeneggers tragend, sieht es heute böse aus, auch wenn das Publikum ihn stürmisch anfeuert. »Taimour«, Namenscousin eines großen arabischen Schriftstellers, schiebt den vierbeinigen Terminator mit seinen Hörnern, wohin er will. Bevor aber »Taimour« zu rabiat wird und »Arnold« verletzen könnte, wird er, den Nacken immer noch voller Rage in

achtung übrig: »Wie kann man Gottes Lebewesen zum Vergnügen töten?« Fast wäre der arabische Stierkampf der Moderne zum Opfer gefallen, weil der Traktor die Arbeitsbullen überflüssig gemacht hat. Doch, typisch für den ganzen Oman, mit der rasenden Modernisierung des Landes verstärkte sich auch die Sehnsucht nach den Traditionen, nach dem Erbe der Väter. So feiert der Stierkampf im Oman seine Wiederauferstehung.

Die Batinah – das ist eine landschaftlich fantastische Strecke von knapp 300 Kilometern. Man fährt hier Richtung Fujairah, einziges der sieben Vereinigten Arabischen Emirate an der Ostküste der Arabischen Halbinsel, auf der Küstenstraße, rechter Hand der Golf von Oman, linker Hand der bis knapp 3000 Meter hohe zerklüftete westliche Hajar. Nördlich des rund 100 Kilometer langen Küstenstückes, das zu den VAE-Mitglie-

![Corrida auf Arabisch: Um zu siegen, muss keiner der Stiere sterben]

Corrida auf Arabisch: Um zu siegen, muss keiner der Stiere sterben

Kampfpose gesenkt, aus dem Rennen gezogen. Das darf man wörtlich nehmen, denn »Taimour« hängt, wie »Arnold« auch, mit den Vorderläufen an einem Seil, an dem bei Bedarf wiederum zwei Männer ziehen – Stierkampf an der Batinah, der Küste nordwestlich von Muscat. Kein Blut darf fließen, kein Stier verletzt werden, wenn in Barka, Suhar und vielen anderen Orten an den Wochenendabenden die Bullenkämpfe steigen, die Bauern mit ihren Pickups angefahren kommen. »Verloren hat«, so erklärt es Jasim, einer der Kampfrichter, »der Bulle, der als Erster davonläuft.« Für die spanische Variante, die Corrida, hat er nur Ver-

Rustaq mit seinem Fort war im 17. Jahrhundert zeitweise Sitz der Yarubi-Imame und Omans Hauptstadt. In der nach fast hundert Jahren Bauzeit Ende des 18. Jahrhunderts fertig gestellten Festung erkennt man bis heute eine ehemalige Koranschule, ein Gefängnis und eine Moschee. Neben dem Fort liegt auch ein kleiner Souk, der kaum von Touristen besucht wird und entsprechend ursprünglich geblieben ist. Er ist eine Fundgrube für Kunsthandwerk, Silberarbeiten und Antiquitäten.

Schüler im Fort Rustaq: Sultan Qaboos führte die allgemeine Schulpflicht ein

dern Fujairah und Sharjah gehört, setzt sich der Oman fort in der abgeschiedenen Halbinsel Musandam, eine dem Fortschritt entkommene Enklave.

Von der Batinah aus organisierte das mittelalterliche Oman den Seehandel mit Indien und China. Bereits im 3. Jahrtausend v. Chr. hatte man von dem Haupthafen Majan Weihrauch, Kupfer und Baumaterialien in das Reich der Sumerer und nach Mesopotamien exportiert.

Majan, als Berg des Kupfers in Inschriften erwähnt, später als Omana, galt vom 7. bis ins 13. Jahrhundert als »Tor nach Asien«, durch das man Porzellan, Gewürze und Seide importierte. Majan war ein Begriff für die Händler der Seidenstraße.

Suhar: »Tor nach Asien« und Stadt der Opposition

Majan heißt heute Suhar, 100 000 Einwohner, 210 Kilometer von Muscat entfernt, eine moderne Stadt, in der man sich der historischen Bedeutung bewusst ist. Suhar opponierte traditionell gegen Besatzer, wie die Portugiesen. Im 18. Jahrhundert läutete man von hier aus das Ende der persischen Herrschaft ein.

Federführend war der Wali, ein Gouverneur namens Said al Busaid, der Ahnherr des in Gestalt von Sultan Qaboos heute herrschenden Clans.

Der berühmteste Seefahrer Arabiens soll ein Händler aus Suhar gewesen sein: Sindbad, der bei seinen sieben Reisen auf der Jagd nach seinem verlorenen Vermögen Riesenvögeln, Kannibalen und anderen Monstern der Mythologie entrinnen musste. Bei allem Pech gelang es dem Abenteurer Sindbad aber jedes Mal, sein Vermögen zu mehren. Hinter der Legende dürfte ein jüdischer Händler stecken, der berühmt war bis weit über den Arabischen Golf hinaus und wegen seines Reichtums die Fantasie der arabischen Geschichtenerzähler von Basra bis Bagdad anregte.

Der Sultan ist allgegenwärtig, auch in Suhar

Aus der historischen Hafenstadt Suhar stammte Sindbad der Seefahrer

Die kürzlich restaurierte Festung Rustaq hoch über der Altstadt ist Pflichtprogramm für Schul-Exkursionen

Dicht an dicht liegen die Boote im Hafen von Hasab in der Musandam-Exklave

Die Kinder von Musandam sind neugierig auf die Besucher aus dem fernen Europa

Eines der größten Forts des Oman erhebt sich, ausnahmsweise in Weiß, nahe der Corniche von Suhar. Vier Etagen, bewehrt von einer Mauer mit vier Rundtürmen, und einem eckigen Wachtturm. Das in seinen Fundamenten auf eine Festung aus dem 14. Jahrhundert zurückgehende Bollwerk erfuhr im 17. Jahrhundert eine grundlegende Erneuerung, wurde 1994 restauriert.

In der korrekten Terminologie, die im Oman vier verschiedene Typen von Festungen unterscheidet, handelt es sich bei Suhars Festung um ein »abraj«, eine Festung, die sowohl zu Verteidigungs- als auch zu Beobachtungszwecken an exponierter Stelle steht. »Qal'a« bezeichnet eine Festung auf dem Plateau eines Hügels oder Berges. Mit »hissn«, Mehrzahl »hussun«, wird die weitläufigste Form des Forts bezeichnet, das militärische und private Wohnbereiche umfasst, vergleichbar einer Kasernenstadt. »Surr« ist schließlich die Festungsmauer, die einen ganzen Ort umgeben kann und mit Wach- und Aussichtstürmen ausgestattet ist.

Die Erfindung des Schießpulvers verlangte ab dem 15. Jahrhundert eine Verstärkung aller Forts. Der runde löste den rechteckigen Turm ab, wodurch die Verteidiger beweglicher wurden und einen Rundblick behielten; aufprallende Kanonenkugeln konnten leichter abgelenkt werden.

Vor allem die »hussun« mit ihrer Doppelfunktion als Herrscherresidenz und Militärlager brachten im Oman eine wun-

Die Moschee in Bukha   Vor Kumzar (unten)

derbare Stadt- und Zivilarchitektur hervor. Vor und in den »hussun« legte man Parks und Gärten an, und die »aflaj«, die gesicherten Quellzuflüsse, versorgten auch bei Belagerungen die Bewohner mit Wasser.

Der Hajar schirmt die Nordküste Omans wie ein Riegel vom Süden des Landes ab. Diese Region war im Laufe der Geschichte des Öfteren die Grenz- und Feuerlinie, an der sich Interessen und Machtansprüche schieden. Von der Küste mit ihren schönen Stränden und dem tropischen Klima kommend, wird es bei der Fahrt von Muscat durch den Hajar frischer, im Winter geradezu kühl. Schmale Wege führen in Seitentäler, in steil aufsteigende Wadis des Gabal al-Ahdar, des Grünen Berges, wo man, fast so schön wie in den Alpen, Bäche, Wasserfälle mit natürlichen Pools entdeckt.

Nationalfeiertag mit Sultan Qaboos in Ibri

Die Hauptstraße, die nach Nizwa und weiter nach Ibri führt, ist gesäumt von Plakaten, von denen Sultan Qaboos lächelt. Fliegende Händler verkaufen am Weg Obst und Gemüse. Es ist Nationalfeiertag. Die jedes Jahr an einem anderen Ort abgehaltenen offiziellen Feierlichkeiten mit Hunderten Ehrengästen, viele Diplomaten aus Muscat, finden diesmal in Ibri statt, einer Kleinstadt, an deren Einfahrt eine Ziegenherde und ein paar wilde Kamele den ungewöhnlich regen Verkehr beobachten.

Der Sultan ist nahe dem neuen Stadion mit dem Helikopter eingeschwebt; die aufgewirbelte Staubwolke wird langsam Richtung Stadion getragen. Gut gelaunt erwarten die Männer von Ibri Sultan Qaboos. Eine Militärkapelle spielt, Kinder tollen umher, bis der Sultan seine Ansprache hält. In Ibri – bis vor kurzem noch mittelalterlich rückständig –, hat Qaboos mit der Modernisierung begonnen. Anfangs war die Bevölkerung skeptisch, aber nun spricht ein Mann wie der Bauer Mohamed allen aus dem Herzen, wenn er Sultan Qaboos, den Mann, der Wasserpumpen, Hospital und lange vorher Elektrizität gebracht hat, als »Stern der Zukunft« lobt, dem »wir folgen werden, schenke Allah ihm ein langes Leben«.

Ibri hat den größeren Teil an Geschichte noch vor sich, was Nizwa, die wohl berühmteste Oase und nach Muscat

Traditioneller Blickschutz der Frauen von Musandam (unten)

Durch einen 100 Kilometer breiten Korridor vom Mutterland Oman abgetrennt liegt an der Straße von Hormus die Halbinsel Musandam. In der von VAE-Territorium umschlossenen Exklave, die wegen ihrer strategisch sensiblen Lage erst vor wenigen Jahren für Touristen geöffnet wurde, gibt es fjordartig eingeschnittene einsame Berglandschaften, abgelegene Dörfer und Menschen, für die die Arabischen Emirate eine Weltreise entfernt sind. Musandams Hauptort Hasab, eine geschäftige Hafenstadt mit rund 5000 Einwohnern, ist für Händler und Schmuggler das Tor von und nach Iran. Von hier lassen sich aber auch Touren in die atemberaubende Bergwelt unternehmen, etwa auf den über 2000 Meter hohen Gabal Harim.

meistbesuchte Touristenattraktion, schon hinter sich hat – den Sprung ins dritte Jahrtausend.

Nizwa: Oasenstadt zwischen Küste und Hinterland

Es ist Freitag, und in Nizwa hängen die Bäume voller Schuhe. Zumindest nahe der Sultan-Qaboos-Moschee, von welcher der Muezzin über Lautsprecher zum Freitagsgebet gerufen hat. Die Haupt-straße des Ortes ist verwaist. Barfuß verneigt sich die Menge in und an der Moschee zum Gebet Richtung Mekka. Nizwa, im 6. und 7. Jahrhundert Omans Hauptstadt und im Herzen der Provinz Dakhiliya gelegen, verbindet strategisch wichtig das Küstenland mit dem fernen und weiten Hinterland. Die Leute hier sind sehr stolz, wissen ihre acht Kilometer lange Oase in Dollar und Rial zu schätzen, seit Scharen von Touristen kommen, viel Grün, Wasser und Palmen sehen wollen und anschließend im Souk überteuerten Silberschmuck und Khanjar-Dolche kaufen.

Noch vor 50 Jahren war Nizwa das Gegenteil eines fremdenfreundlichen Ortes. »Meines Wissens«, schrieb 1765 der Orientreisende Carsten Niebuhr, »ist noch kein Europäer von Maskat landeinwärts gereist.« In selbst gewählter und gepflegter Isolation, erinnert sich der Wali, der Gouverneur, »empfand man die Region als einen fast heiligen Ort des Islam«. Der

![Blick in den Souk von Nizwa am Fuße der Festung aus dem 17. Jahrhundert]()

Blick in den Souk von Nizwa am Fuße der Festung aus dem 17. Jahrhundert

Nizwa: Ein Händler verkauft Palmenblätter

Hinter der Burqua verbergen nur noch wenige arabische Frauen ihr Gesicht

erste Omani, der sich nach einer Pilgerfahrt zum Propheten Mohammed zum Islam bekannte, stammte von hier. Ihm gab der Prophet als Botschaft mit, Gott werde das Volk des Oman mit Wohlstand segnen und »gesegnet seien die, die mich nicht sahen, und an mich glauben«.

Mazin bin Ghadouba, jener Pilger, trug Nizwa den Ehrentitel »Perle des Islam« ein, dessen man sich im Laufe der Jahrhunderte als würdig erwies. Islamische Religionsgelehrte, Denker und Philosophen wirkten von Nizwa aus, das seit dem 8. Jahrhundert Zentrum der Ibadi-Sekte war. Poeten legten Diwane an,

Gedichtsammlungen, und schmiedeten Verse zu aktuellen Themen.

Die Doktrin der Ibadhi geht auf den Gelehrten Abdallah bin Ibadhi aus dem 8. Jahrhundert und den Streit über die Nachfolgerechte des Propheten-Cousins und vierten Kalifen Ali zurück. Damals legten die Ibadhis fest, dass immer der beste Mann, der den Gesetzen diene, den Stamm führen solle, und zwar abwählbar von den Gläubigen, was eine durch Blut vorbestimmte Thronfolge ausschloss, zumindest in den Gründerjahren der Sekte. Wie im konventionellen Islam, der heute gegen die reine Lehre eher dazu missbraucht wird, Erbfolgen zu ze-

mentieren, gilt der Glaube an den einen Gott, hat man im Ramadan tagsüber zu fasten, ist eine Armensteuer zu entrichten und die Pilgerfahrt nach Mekka, wenn finanziell möglich, zu absolvieren.

Der Imam von Nizwa dehnte seine Macht bis zur Küste aus

Anfang des 17. Jahrhunderts errichtete der Imam, der religiöse Führer Nasser bin Murshid al Yarubi, im Kampf gegen die 1650 vertriebenen Portugiesen von Nizwa aus eine selbstständige Ibadhi-Dynastie, die ihren Machtbereich langsam über den Hajar bis an die Küste ausdehnen

Töpferei in Bahla

Die Oasenstadt Nizwa hat für den Oman eine große nationale Bedeutung: Von hier aus begann im 17. Jahrhundert die Vertreibung der Portugiesen und die zumindest rudimentäre Einigung des Landes. Zudem ist Nizwa das Zentrum des strengen, aber gegenüber andern Glaubensströmungen toleranten Ibadhismus.

konnte. Ab der Mitte des 18. Jahrhunderts verlagerte sich der politische und kulturelle Mittelpunkt an die Küste, wo der gewählte Imam dann erstmals den Titel Sultan annahm.

Dynastiegründer Yarubi, ganz Stratege, hatte auch das Fort von Nizwa errichtet, um den wichtigsten Verbindungsweg an die Küste zu kontrollieren. Die Tore sind feine Schnitzarbeit. Aus den Löchern darüber kippte man auf die Angreifer Öl, heißes Wasser oder auch Honig. Yarubi selbst hat auf dem Friedhof der Imame, dem Maqbarat al Emah, sein

Arabische Begrüßung: Nase an Nase, danach ein Kuss auf die Stirn

60 Grab, und dort ruht er bis heute neben anderen Imamen, deren Gräber mit Versen aus dem Koran und Gedichten verziert sind. In den kleinen Sufi-Moscheen, die jede kaum mehr als vier, fünf Leute fassen und für Ungläubige zugänglich sind, gedenken viele aus dem Ort im Gebet der toten Imame.

Reise entlang der »Sklavenküste Arabiens«

Von Muscat in entgegensetzte Richtung fahrend, nun den Ost-Hajar zur Rechten, bewegt man sich in der Provinz Sharqiya, zu Deutsch: der Osten. Ihre Blüte erlebte diese Region im 17. Jahrhundert, verrufen als Arabiens Sklavenküste. Zum Handel

gangenheit finden sich etwas außerhalb am Dhau-Hafen, wo Dutzende der dickbäuchigen Küstenschoner vor Anker liegen. Die Werft ist einer der eindrucksvollsten Plätze Arabiens, um zu sehen, wie ein Schiff vom Kiel auf entsteht. Die Bootsbauer und auch die Arbeiter, die das importierte Teakholz zuschneiden, kommen meist aus Indien oder Pakistan, und nur der Aufpasser ist Omani. »Wir bauen hier«, erklärt einer der Arbeiter, »die ›sambuks‹, das sind die kleinen Boote.« Von den großen ozeantauglichen »Ghanjas« und »Bahgalas« lief schon seit Jahren keines mehr vom Stapel. So erinnert an der Bucht von Sur nur die restaurierte Ghanja namens »Fatah al Khair«, ein 300 Tonnen schweres, 20 Meter langes

und 75 Jahre altes Prunkstück, an die Zeit der großen Dhaus, die bis Indien segelten. Der Niedergang der Hochsee-Schifffahrt Omans, das Ende des Perlentauchens – Sur versteht sich als das Gedächtnis an diese Zeit.

Um die Perlentaucher ranken sich viele Legenden, die heute noch jedes Kind hier erzählen kann, etwa die Geschichte von den blinden Sängern auf den Perlentaucher-Booten: Die Perlentaucher von Sur, oft Monate unterwegs, unternahmen keine Tour ohne einen »Nahham«, einen Sänger. Das waren nicht x-beliebige Unterhaltungskünstler, sondern Sänger mit betörender Stimme. Sie brachten die Taucher auf See in Stimmung, sie erzählten und erfanden

Vor dem Hafenstädtchen Sur   Die Gesichter verraten die Nähe zu Afrika

mit den omanischen Überseegebieten im heutigen Pakistan, Mombasa und Sansibar, gehörten An- und Verkauf von verschleppten Afrikanern, was erklärt, warum bis heute ein starker afrikanischer Einschlag bei vielen dunkelhäutigen Omanis dieser Region unübersehbar ist.

Voller Leben sind die Gewässer vor der Küste. Oft kann man hier Delfine in Ufernähe und ab und an sogar Eier legende Meeresschildkröten am Strand beobachten. Sur ist das Ziel, 310 Kilometer südöstlich von Muscat, eine rasant wachsende Hafenstadt mit modernen Gebäuden. Die Anreise vermittelt einen lebhaften Eindruck, wie beschwerlich früher allein der Weg nach Ibri war, heute eine Stadt mit 21000 Einwohnern. Ab Bidbid schneidet sich die Straße durch den Hajar mit seinen Gipfeln, die hier durchweg über 2000 Meter liegen. Dann Sur. Die Spuren der großen Ver-

Werft in Sur: Arabische Dhaus werden aus importiertem Hartholz hergestellt

Wie die Schiffe werden auch die Fischernetze von Hand gearbeitet

Ein Bootsbauer beim Einpassen von Holzplanken in Sur

Die besten Zeiten der Dhaus sind wohl vorbei. Schiffe der alten Größe, etwa das Dreifache dessen, was heute vor den Küsten kreuzt, werden kaum mehr benötigt und gebaut, da die seltsam bauchigen Holzschiffe nur noch im »kleinen Grenzverkehr« den Warentransport erledigen. Die Segel wurden meist durch Dieselmotoren ersetzt, die Rümpfe werden von Nägeln und nicht wie einst üblich von Seilen und Kokosfasertauen zusammengehalten. In größeren Dhau-Werften wie in Sur, wo gleich mehrere Schiffe auf einmal in Arbeit sind, kann man hervorragend verfolgen, wie aus dem Holzgerüst das Schiff wächst.

Geschichten, ganz in der Tradition der orientalischen Erzähler.

Diese Sänger, heißt es, erblindeten fast alle. Und das begann mit ein paar Seeleuten, die in einem fernen Hafen von verführerischem Gesang in ein Haus gelockt wurden. Da tanzten Gestalten ganz in Weiß, jede ohne Gesicht – Dschinne, die Geister Arabiens. Die Seeleute wollten unbedingt die Melodien erlernen, und die Dschinne warnten sie, dass jeder, der die Lieder für Sterbliche sänge, erblinden müsse. Zurück auf ihrem Schiff begannen die Seeleute, die Lieder der Dschinne zu singen – und erblindeten. Nicht anders sei es den »Nahham« ergangen, von denen heute keiner mehr lebe. Die Melodien der Dschinne nahmen sie mit in ihre Gräber. Von Sur sind es knapp 100 Kilometer nach Mintirib. Unterwegs sieht man Felder, Gärten, Palmen, wieder ein reno-

62 viertes Fort, bevor sich die ersten Dünen auftun. Drei Autostunden von Muscat entfernt beginnt hier die Ramlat al-Wahiba, eine rund 15 000 Quadratkilometer große Wüste mit bis zu 100 Meter hohen Wander-Dünen. An ihren Ausläufern erstrecken sich ausgedehnte Wälder.

Ein Beduine führt in den Wahiba Sands seine Kamele zum Lagerplatz

»Miniwüste« jenseits von Muscat: Ramlat al-Wahiba

Die Ramlat al-Wahiba ist die Miniaturausgabe einer Wüste, wenn man in Dimensionen des unendlichen Rub al-Hali oder der Sahara denkt. Mal gelb, mal golden schimmernd zeigt sich die Weite, in welcher der Volksglaube die Heimat der Dschinne ansiedelt. Die Al-Wahiba-Beduinen kennen über hundert Bezeichnungen für die Farben der Wüste, haben gelernt zu überleben, auch wenn sie nicht mehr als Nomaden leben und an den Rändern der Wahiba, wo es Quellen gibt und Wälder, sesshaft wurden.

Beduinenhütte: einfacher Komfort mit Farb-TV

Das Besondere an der Wahiba ist ihre Flora und Fauna, die einen komplexen, vielfach miteinander verbundenen Lebensraum bildet, der wiederum abhängig ist von einem fein verästelten Quellwassersystem. 1985 und 1986 erforschte die Londoner Royal Geographic Society diese Wüste und zählte 180 Pflanzenarten und 200 hier ansässige Arten von Säugetieren, Reptilien, Amphibien und Vögeln.

Überraschend für die Wissenschaftler war zu sehen, wie genau die Beduinen

Kamelmilch ist nicht jedermanns Geschmack

Aus einfachem Teig wird Fladenbrot gebacken

die Grenzen ihres Ökosystems kennen und wissen, wie viele Quellen man abschöpfen darf, ohne den Wasserhaushalt der teils üppigen Vegetation zu stören, wie man sie in Al Hawayah sieht. Der Jeep hat sich Dünen hochgekämpft, die Räder tief im Sand. So erreicht man Hawayah, sieben Kilometer von al-Mintirib, die erste Oase, eingebettet in Dünen, ein riesiger Garten mit Palmenhainen, Bananenstauden und einem kleinen Fort in der Ortsmitte. Die Felder werden mit Hilfe der Falajs, in Stein geschlagener Kanäle, bewässert. In den Palmhütten liegen Datteln zum Trocknen. Kinder begrüßen die Wüstendurchquerer in ihren Jeeps, und bis zur Abreise in die unendliche Weite der Ramlat al-Wahiba bleibt das Gefühl, dass Hawayah im Umgang mit Touristen schon sein eigenes Heritage Village geworden ist.

Anreise: Das ideale Verkehrsmittel für den Oman, sobald man den Großraum Muscat verlassen will, ist das Auto; wer vorhat, abseits der Straßen Wadis und Wüsten zu erkunden, braucht einen 4WD. Busse verbinden nur einmal täglich die Kapitale mit den wichtigen Provinzstädten. Taxis und Service-Taxis sind sehr teuer; bei längeren Touren lohnt sich ein Mietwagen auf alle Fälle.

Mietwagen/Tour-Operator: Autos mietet man für die Rundreise in Muscat-Ruwi, z. B. bei Europcar (Tel. 00968-24700190, Fax 24794061). Die Polizei ist übrigens streng, der Fahrstil der Omanis höchst zivilisiert. Zahlreiche Reisebüros bieten Pakete für die Oman-Rundreise an, darunter Bahwan Travel (Tel. 24797405, Fax 24799825) und Oman Discovery (Tel. 24706424, Fax 24706463); bei diesen und folgenden Firmen spricht man Deutsch: United Tours, Muscat (Tel. 24787448, Fax 24787449) sowie Nomadic Tours & Adventures, Al Khuwair (Tel./Fax 24685507, Handy 9316507).

Batinah

Karte: Seite 112/113, Planquadrat D/E 5/6.

Unterkunft: Sawadi: Wunderbar für Fitnessfans, Wassersportler, Amateurfischer ist das mindestens 100 US-$ teure »Beach Resort Al Sawadi« (Tel. 267995545, Fax 267995535).
Suhar: Ein modernes Strandhotel, einer alten Festung nachempfunden, mit Zimmern oder Chalets ab 80 US-$, ist das luxuriöse »Sohar Beach Hotel« (Tel. 26843701, Fax 26843766) im nördlichen Suhar an der Corniche; in Ghushba liegt das »Sohar Wadi Hotel« (Tel. 26840058, Fax 26841997), rund um einen kleinen Pool gebaut, Zimmer ab 60 US-$.

Sehenswürdigkeiten/Museen: Barka: 80 km von Muscat, ein kleiner ruhiger Ort mit morgens lebhaftem Fischmarkt; hier steht das Bait Na'man, ein befestigter, fast 370 Jahre alter Palast. Am besten lässt man sich von einem der Führer durch Zimmer, Lager, Gefängnisse, geheime Besprechungszimmer und Schießscharten bewehrte Gänge leiten. Über 800 Jahre ist die andere Festung alt, das Barka Fort, eines der schönsten Hussun des Oman; zu besichtigen sind Innenhof, Wohnräume und Büro des Wali (Sa–Do 7.30–17, Fr 8–11 Uhr). Am Wochenende ab 16.30 Uhr gibt es in Barka, mit as-Sib die Hochburg des Stierkampfes, die sehr atmosphärischen Corridas à la Arabia zu sehen. Suhar ist ein aufgeräumtes Städtchen am Meer. Die archäologische Abteilung des Fort-Museums kann man überspringen und sich gleich der arabisch-historischen widmen, abschließend von den Wachtürmen den Ausblick genießen (Sa–Mi 8–14, Do/Fr 8–12, 16–18 Uhr).
Zu Füßen des Hajar liegt Nakhl mit den warmen Quellen von Al Thuwarah, die am Gabal Nakhl entspringen, ein beliebter Picknickplatz. Schon bevor man den Ort selbst erreicht, fällt der Blick auf die gewaltige Festung, die vor den Bergen aus einem Palmenhain herauszuwachsen scheint. Die Umgebung von Nakhl ist auch besuchenswert wegen ihrer abenteuerlichen und wunderbaren Wadis, wie Wadi Abyadh, zum Bienen- und Honig-Dorf Awabi im gleichnamigen Wadi oder Wadi Bani Kharus mit 280 bis 600 Millionen Jahre altem Kalkgestein, wo sich inmitten eines Palmenhains eine der ältesten Moscheen des Oman, Al Ghanama, findet, zuletzt 1970 renoviert, gewidmet dem Imam Kharusi aus dem 9. Jh. Die Festung in Rustaq, der größten Oase der Region, wurde vor wenigen Jahren restauriert. Die Räume sind reich mit Stuck verziert, die Holzdecken bemalt.

Essen/Ausgehen: Suhar: Einfache arabische Küche serviert »Alawi Alghawi«, 9 km vom Sohar-Kreisverkehr; man sitzt in der palmgedeckten Hütte auf dem Boden, isst Reis und Fisch aus dem Topf.

Ibri

Karte: Seite 112/113, Planquadrat E 7.

Sehenswürdigkeiten: Die 21 000-Einwohner-Stadt Ibri liegt knapp 150 km von Muscat entfernt an der Straße nach Sur. Die Region ist die Heimat des Harthi-Stammes, der eine wichtige Rolle bei der Befriedung des Oman durch den Vertrag von as-Sib (1920) spielte. Sheikh Issa bin Saleh aus Ibri fungierte in den Verhandlungen von as-Sib als Chefunterhändler mit Sultan Taimour bin Faisal. Bei An- und Abreise von Ibri fährt man durch satte Felder, auf denen Papayas, Mangos und Bananen gedeihen. Eine Besonderheit im Oman ist seit 1989 der Souk am Mittwoch, wenn bis mittags ausschließlich Frauen – als Verkäuferinnen wie Käuferinnen – den Souk betreten dürfen.

Musandam

Karte: Seite 112/113, Planquadrat C 5.

Anreise: Am einfachsten ist der Flug mit Oman Airways nach Hasab, fünfmal wöchentlich hin und zurück (nicht Do, Fr); landschaftlich aufregender, wenn einem der Blick vom Flugzeug auf Fjorde und Palmenhaine zu wenig an Anreiseeindruck ist, wäre es freilich, entlang der Küste zu reisen, aber das ist so aufwendig und kostentreibend (Visa, Zusatzversicherungen für den Mietwagen etc.), dass man davon eher abraten muss, wobei die Halbtages-Fahrt von Diba nach Hasab, die von der östlichen zur westlichen Küstenebene über die 2000 m hohen Berge führt, landschaftlich sehr reizvoll und beeindruckend ist.

Unterkunft: Ein einfaches Hotel ab 40 US-$ ist das »Hasab Hotel« (Tel. 26830267) mit Platz für 30 Gäste und kleinem Pool nicht nur für Hotelgäste; einfache Apartments bietet für 55 US-$ »Hasab Tour and Travel« an (Tel. 26830464, Fax 26830364); hier kann man auch sehr gut organisierte Touren buchen.

Sehenswürdigkeiten: Die Musandam-Halbinsel gilt wegen ihrer Fjorde als das »Norwegen Arabiens« und ist auf Grund ihrer abgeschiedenen Lage die rückständigste, aber auch die ursprünglichste Provinz des Oman. Die militärstrategische Lage an der Straße von Hormus machte die Musandam lange Zeit für den Tourismus unzugänglich.
Hasab, ein Städtchen mit portugiesischem Fort, ist die Hauptstadt der Provinz, und

Unesco-Weltkulturerbe: Festung Tamah aus dem 17. Jahrhundert in Bahla

als Erstes besucht man hier den Souk, dessen Besucher außer Touristen jede Menge Iraner sind, die hier Zigaretten, Videorekorder, Schuhe, amerikanische Zigaretten und Kleidung einkaufen und auf dem Weg, auf dem sie gekommen sind, meist nachts in die Heimat schmuggeln, nämlich per zweistündiger Motorbootfahrt über die nicht ungefährliche Straße von Hormus. Was die Iraner mitbringen, sieht man morgens im Hafen, wenn Ziegen, Schafe und Teppiche von

denheit spiegelt sich in einem Dialekt aus Arabisch und Farsi wieder. Mit erheblichen finanziellen Mitteln der Regierung wurde und wird der Ort modernisiert.

Essen/Ausgehen: In den kleinen Restaurants in Hasba, im »Bukha« und im »Shark Restaurant«, dazu in den Cafés ist wie überall auf der Halbinsel der iranische Rial zweite Währung. Musandams Nightlife beschränkt sich auf die Bar des »Hasba Hotel«.

Essen/Ausgehen: Gegenüber dem Fort serviert das »Ibn Atiq Restaurant« traditionell omanische Speisen; eine Mischung aus Restaurant, Souvenir- und Antiquitätenhandel ist das seit dem 19. Jh. bestehende »Nizwa Restaurant« im Souk.

Ausflüge: Der 40 km östlich von Nizwa liegende Ort **Bahla**, bekannt wegen seiner imposanten, zum Teil vorislamischen Lehmziegelfestung, zieht Touristen an, die sich im Souk mit handgefertigten Tonarbeiten eindecken wollen. Die Werkstätten sind erst zum kleineren Teil mit modernen Brennöfen ausgestattet; kaufwillige Zuschauer sind willkommen. Eine Besonderheit der Weber von Bahla sind die »Mansul«, dicke, aus Ziegenhaar gewobene Mäntel, die Beduinen und Hirten im Winter tragen. 5 km von Bahla entfernt steht mitten im Nirgendwo das Jabrin Fort mit exzellenten Schnitzereien an den Toren und fein gearbeiteten Fenstergittern.

Sur

Karte: Seite 112/113, Planquadrat E 7.

Unterkunft: Das »Sur Beach Hotel« (Tel. 25442031, Fax 25442032) ist ein angenehmes Haus mit Zimmern ab 35 US-$ und wunderbarem Strand.

Mitten in der Steinwüste erhebt sich Fort Al Nakhl, eine der größten Festungen im Oman

den Dutzenden anlegenden Außenbordern abgeladen werden.

Hauptsächlich ist es die faszinierende Landschaft, für die man die Halbinsel lieben lernt. Khawr Najd ist der einzige von Land aus zugängliche Fjord, den man mit dem Auto über das Wadi Sal al A'la erreicht, eine Dreiviertel Autostunde von Hasab. Khawr Najds Strand ist ein beliebter Picknickplatz für Wochenendausflügler. Leicht zu erreichen ist auch der kleine Ort Bukha mit einer schönen Bucht, auf die man den besten Ausblick von einem renovierten Fort aus dem 17. Jh. hat.

Einen wunderbaren Eindruck der Halbinsel vermittelt eine Dhau-Fahrt. Viele Fischer nehmen Besucher in ihren Motorbooten auf eine Tour durch die Inselwelt mit. Khawr Sharm heißt einer der bezaubernden Fjorde, die anders als von See bisher nicht zugänglich sind. Als abgelegenster Ort des Oman gilt Kumzar, rund 3000 Einwohner. Das Dorf liegt 55 km vom Iran entfernt, von Hasab aus per Dhau (gut 2 Std.) oder Motorboot (gut 1 Std.) erreichbar. Die Abgeschie-

Nizwa

Karte: Seite 112/113, Planquadrat E 6.

Unterkunft: Rechtzeitig buchen muss man ab 50 US-$ das bei Wochenendausflüglern von Muscat ausgesprochen beliebte »Falaj Daris« (Tel. 25410500, Fax 25410537), ein sauberes und angenehmes Hotel mit nur 45 Zimmern, zwei Pools, schönem Garten; einzige und mit 30 US-$ billigere Alternative ist etwas außerhalb das »Nizwa Hotel« (Tel. 25431616, Fax 25431519).

Sehenswürdigkeiten: Maritime Museum: Im Aluruba Sportsclub, leicht zu identifizieren durch das Steuerrad an der Fassade, befindet sich ein Heimatmuseum zu Meeresgeschichte, Schiffsbau und Geschichte des Ortes Sur; interessant die Bilder des Sineslia Fort vor seiner Renovierung. Mit einer Fähre geht es vom Hafen in knapp drei Minuten hinüber nach Al Ayja, sehenswert wegen seiner weiß getünchten, dekorativ mit Arabesken und geschnitzten Türen verzierten Häuser.

Weit öffnet sich das Wadi Ghul

Blick in einen Versammlungsraum (Majlis), den Treff für die Männer

Kinder im Innenhof der Festung Barka, die Ende des 18. Jahrhunderts entstand

Beim Koranunterricht wird das heilige Buch des Islam auf Leseständer gelegt

Wasserkrüge in Fort Jabrin wenige Kilometer westlich von Nizwa

Allein auf weiter Flur steht das Fort Jabrin nahe Nizwa, das wunderbar restauriert wurde. Die Festung ging aus einem Palast Sultan Yaribas (17. Jh.) hervor, der im Lauf der Zeit immer mehr zur Festung erweitert und verstärkt wurde. Nur wenige Festungen im Oman sind ähnlich detailgetreu und lebensnah restauriert und eingerichtet. Islamischen Stil in höchster Vollendung zeigt sich in den Repräsentationsräumen mit bemalten Decken oder stuckierten Nischen.

Fort Jabrin: Korane und Ständer der Koranschule

Wo die Götter Weihrauch weinen – Dhofar

Gr. Foto: Weihrauch.
Kl. Foto: Dhofar-Landschaft.

Der Süden des Oman um Salala ist eine aufregende Landschaft: eine karge Steppe, die vom Monsun berührt wird und kurz aufblüht. Dies ist das richtige Klima für Boswellia sacra, den Weihrauchbaum. Sein zu Tropfen erstarrtes Harz nannte man in der Antike »Tränen der Götter«. Ohne dieses Aroma lief nichts in den Tempelgesellschaften jener Zeit. Der Handel mit dem Stoff bildete die Grundlage für den Reichtum der südarabischen Städte. Auch heute noch liefert die Region Top-Qualitäten in alle Welt, aber reich wird damit kaum noch jemand.

Saleh Ibrahim, Redakteur aus Ruwi, ist es gewohnt, dass ihn Leute aus Deutschland verwundert ansehen, wenn er von seinem Traumurlaub erzählt, den er sich jedes Jahr gönnt: nasse Füße bekommen, sobald er das Hotel verlässt, keinen blauen Himmel sehen, sich mit seinen Kindern am Nebel erfreuen, der so nieseldick ist, dass die Kleidung auf der Haut klebt – Urlaub unter wolkenverhangenem Himmel, Picknick in der Wildnis und in Regenschauern. »Wie in Finnland«, scherzt Saleh, streift seine Dishdasha glatt, »aber wärmer, habe ich mir sagen lassen.« Viel wärmer, aber selten über 25 Grad Celsius.

Urlaub im einzigen Landstrich Arabiens, der vom Monsun erreicht wird, ist für viele in Arabien der Traumurlaub. Zur Regenzeit wird Salala überschwemmt von Dubais, Saudis, Qataris – Sommerfrische auf Arabisch. Die Fahrt in eine andere Welt kündigt sich bereits südlich des Hajar-Gebirges an, wenn man Landschaften passiert, wie man sie aus Kenia kennt, nicht aber in Arabien erwartet: üppigstes, wild wucherndes Grün.

Salala: Dhofar-Metropole im Schatten des Monsuns

In Salala, 135 000 Einwohner, Hauptstadt des Dhofar ganz im Süden des Oman, verlaufen die Jahreszeiten anders. Das kann man erfahren auf dem Auto-Trip vom sommerlich-heißen Muscat über Nizwa, Adam und Ghaba, eine gut ausgebaute Zwölf-Stunden-Strecke, teils am Rand der Rub al-Hali, des Leeren Viertels, verlaufend, rund tausend Kilometer bis Salala.

Von Ende Juni bis September peitschen manchmal heftige Winde des feuchtwarmen indischen Monsuns über die südlichste Provinz des Oman. Paradiesische Zustände für Araber; die europäischen Touristen kommen meist erst nach Ende des Monsuns im Oktober, wenn das Gewächshaus des Oman in voller Blüte steht. Die Fischer- und Hafenstadt Salala genießt, schon weil sie Heimatort des Sultans ist, eine bevorzugte Stellung im Land, die man aber leider nicht dazu nutzt, Gelder für den Erhalt der rasant verfallenden Altstadt zu bekommen. Oft besucht Qaboos die Stadt mit ihren Stränden, der dramatischen Kulisse des Gabal al-Qara und dem selbstverständlich nach Qaboos benannten blitzblanken Hauptboulevard. In Arabien und dem Rest der Welt ist der

Mädchen aus Salala, der traditionellen Sommerfrische der omanischen Mittelschicht

Dhofar schon seit 7000 Jahren ein Begriff für das beste Olibanum, das vom Weihrauchbaum gewonnene Gummiharz. Es wird auf glühenden Kohlen erhitzt und entwickelt einen angenehmen Duft, der auch belebend wirkt.

Östlich des Sultanspalastes an der Qaboos Street liegt der moderne, aber nicht der einzige Weihrauch-Souk, in dem die edle Ware in dicken Säcken angeboten wird. Hatim, einer der Händler, lässt in einem Brenner Weihrauch aufsteigen, ein betörender Duft, Kaufanreiz für unentschlossene Kunden. »Es gibt höchst unterschiedliche Qualitäten. Aus der Nejd-Gegend, dem Landesinnern, kommt das beste Harz, weiß und von klarer Farbe«, erklärt er.

Die Küstenharze, deren Schattierungen und Schlieren von Pastell bis Dunkel reichen, gelten als mindere Qualitäten für den Alltag und die einfache Nase. Sie haben zu viel von den Monsunwinden und der Feuchtigkeit abbekommen. Die teuersten Sorten Weihrauch, für die Endabnehmer pro Kilo mehrere tausend Dollar bezahlen, wird man auf den Souks nicht finden. Diese edlen Tropfen aus Harz gehen direkt an Königshäuser und Harems in Arabien.

Am Obststand in Salala werden Säfte frisch gepresst

Nur mit Hilfe von mobilen Bewässerungsanlagen ist Anbau lukrativ

Moderne Landwirtschaft: Der Traktor ist weit verbreitet

Salala ist die wichtigste Stadt im Süden des Oman, Heimat des Sultans und ein bedeutender Hafenort, in dem die Einflüsse des nahen Jemen in der Stadtarchitektur mit den weißen Häusern aus Korallenkalk unverkennbar sind. Außergewöhnlich ist auch das in den Sommermonaten vom Monsun beeinflusste Klima. Wind und niedrige Temperaturen ziehen arabische Sommerfrischler an, die bevorzugt bei Nieselregen das Hotel verlassen.

Störche rasten auf der Wiese bei Salala

Jedes Herrscherhaus hat seine Quellen; die Hoflieferanten gelten als angesehene Familien.

Schon vor über 5000 Jahren war Weihrauch, arabisch »bukhur«, aus dem Dhofar in Indien und China ein Verkaufsschlager, dient seither vielen Religionen als ätherischer Duft für kultische Handlungen. Auf der Weihrauchstraße gelangte dieses Balsamharz, das sogar als Allerweltsheilmittel gegen diverse Wehwehchen im Magen-Darm-Trakt eingenommen wird, vom Oman in den Jemen, von dort über die Rotmeerküste nach Ägypten in den Mittelmeerraum.

Salala und andere Hafenstädte lebten über Jahrhunderte vom Export und den Steuern, die sie auf die »Tränen der Götter« erhoben. Die Königin von Saba soll sogar selbst in den Dhofar gereist

69

sein, um den edelsten »bukhur« auszu-
wählen; nahe Khor Rori wollen Archäologen gar Reste ihres Palastes identifiziert
haben.

Hunderte, Tausende Weihrauchbäume,
im Sommer karg und völlig entlaubt,
wachsen an den Rändern der Nejd-
Wüste und in den unteren Lagen der
Dhofar-Berge. Wer von Salala Richtung
Jemen nach Mughsail aufbricht, der
erlebt, wie nach traditioneller Methode –
offenbar das einzige, was im Oman bisher nicht technisiert wurde – das Harz,
arabisch »luban«, gewonnen wird. Die
Bäume gelten als beinahe heilig und dürfen, da sie den Reichtum des Clans
sichern, gegen islamisches Recht nur an
die männlichen Stammhalter vererbt
werden.

Die Weihrauchernte ist mühsam und langwierig

Mit einem scharfen Messer tragen die
Weihrauchbauern zur Erntezeit zwischen
Dezember und Mai ein Stück Baumrinde
vorsichtig ab, damit die ersten Tropfen
eines allerdings unbrauchbaren Harzes
herausfließen, das man trocknen lässt
und entfernt. Erst einen Monat später
wird die gleiche Stelle wieder angeritzt,
ein Stück Rinde abgetragen. Das nun aus-
tretende Harz trocknet innerhalb von
maximal vier Wochen, ehe es vorsichtig
abgeschlagen wird.

In Salalas Weihrauch-Souks beschäftigen
sich Spezialisten mit der Veredelung des
Harzes zu Parfums, oft gemischt mit Sandelholz und Rosenwasser. Jeder hat seine eigene, wohl gehütete Rezeptur. Und
es ist auch höchst unterschiedlich und
fantasiereich, wie die Omanis ihre Düfte
anwenden: Die einen stellen sich morgens direkt über den Brenner und lassen
sich einräuchern, andere betupfen mit
dem Parfum ihre Dishdashas. Der Duft
sitzt für den ganzen Tag.

Neugierig machen die Bergzüge, die
sich hinter Salala aufbauen. Gabal al-
Qara, über verschiedene Straßen leicht
zugänglich, bietet mit seinen Ausblicken
ein unvergleichliches Panorama über die
Küstenebene. Tropische Wildnis, wohin
man sieht, Mangroven an der nördlichen
Küste. In Seitentälern rauschen Wasserfälle, wo im monsunfreien Winter die
Hitze alles vertrocknen lässt.

Über Taqa, einem kleinen Küstenort
westlich von Salala, Beisetzungsort von
Sultan Qaboos' Mutter, schlängelt sich

Hitze und Trockenheit haben bei Salala ihre Spuren hinterlassen

Wo Regen fällt, wuchert wilde Vegetation   Weihrauch-Baum (unten)

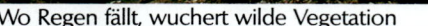

Der Dhofar ist eine
der ungewöhnlichsten
Landschaften des
Oman. Nach dem
Ende des Monsun im
September steht alles
in voller Blüte. Grün
wohin man blickt. Bis
zum Frühjahr ist dann
alles wieder vertrock-
net, erinnert die Land-
schaft mehr an eine
afrikanische Steppe
als an Arabien. Genau
hier gedeihen im
Dhofar, an den schwa-
chen Ausläufern des
Sommermonsuns, die
wertvollen Weihrauch-
bäume. Sie liefern –
auch heute noch – das
beste Räucherharz der
Welt, das 50 bis 70 US-
Dollar pro Kilo kosten
kann.

Ein Kamel füllt in einer Lagune bei Salala seinen »Wassertank«

Auf den Salzwiesen bei Salala weiden Kamele

die Straße über Medinet al-Hag zu einem kleinen Ort namens Jibjat, hinter dem sich das Klima scheidet. Auf wenigen Kilometern geht die Landschaft abrupt über vom hügeligen Wald in eine unfruchtbare, versteppte Wüste. Die Gebirgsregion ist dünn besiedelt; den gesamten Dhofar bewohnen nur knapp 200000 Menschen. Die Jabalis, die »Leute aus den Bergen«, wie die Über-

setzung lautet, waren mit am längsten, nämlich bis in die 1980er-Jahre, militante Gegner der Regierung in Muscat, stolze Waffenträger.

In Höhen über 1000 Metern, wo das Klima die Viehzucht begünstigt, hüten sie Ziegenherden und halten Kühe. Die Jabalis leben in Steinhütten, sprechen einen eigenen Dialekt und sind allem Neuen gegenüber misstrauisch, auch wenn die Straßen, die Qaboos bauen ließ, und dem sie vertrauen wie keinem Sultan vor ihm, viel Nützliches brachten. Der Kontakt zu Fremden wird dazu nicht unbedingt gerechnet, schon gar nicht, wenn sie mit der Videokamera losdrehen, ohne mit den beiden Worten »mumkin sura« um Erlaubnis zu fragen. Wenig erfährt man in Salala über die Jabalis, die mehr und mehr sesshaft gewordenen Gebirgsnomaden, außer dass sie medizinische Gesänge aufführen, um nach einem Schlangenbiss das Gift aus dem Körper zu treiben. Aber immer öfter verlassen auch sie sich auf die moderne Medizin im nächsten Hospital.

72 **Karte:** Seite 112/113, Planquadrat H 4/5.

Anreise: Das ideale Verkehrsmittel für den Oman, sobald man den Raum Muscat verlassen will, ist das Auto (Details Mietwagen/Reisebüros s. S. 63f.). In den Süden nach Salala gibt es täglich zwei Flüge von Muscat, dazu eine ebenfalls tägliche Busverbindung.

Mietwagen und Touren: Autos vermietet in Salala Myasi Cars (Al Salam St., Tel./Fax 23296521), Budget im »Holiday Inn« (Tel. 23235160), Europcar (Tel. 23212460, Fax 23212461) und Avis (c/o Zubair Travel Bureau, Tel. 23291145). Touren bucht man vor Ort bei Orient Tourist im »Holiday Inn Hotel« (Tel. 23235333, Fax 23235137) oder National Travel and Tourism (Al Nahdah St., Tel. 23290699).

Unterkunft: Salala hat gute Hotels, allen voran mit Zimmern und Bungalows ab 100 US-$ – und einer Bar – das »Holiday Inn« (Tel. 23235333, Fax 23235137) am palmenreichen Dahariz Beach; ab 90 US-$ wohnt man im zentralen »Hamdan Plaza« (Tel. 23211025, Fax 2321187); mit 50 US-$ pro Nacht wohnt es sich wesentlich billiger und einfach im »Redan Hotel« im Zentrum (Tel. 23296266, Fax 23290491); Gleiches gilt ab 35 US-$ pro Zimmer für das »Haffa House« (Tel. 23295444, Fax 23294873), ein sehr orientalisches Haus.

Sehenswürdigkeiten/Museen: Salala Museum: Am Eingang denkt man angesichts der Fotogalerie über Wilfred Thesiger, der in den 1940er-Jahren manche Teile Arabiens als einer der ersten Nicht-Araber bereiste, an eine Gedächtnisausstellung. Leider nicht annähernd so enthusiastisch ist der Rest der Ausstellung gestaltet: Etwas ratlos verweilt man vor der heimischen Töpferproduktion, in den Räume zur Geschichte der Dhau, regionaler beduinischer Wohnkultur und Tradition (Al Robat Rd., Sa–Mi, 8–14 Uhr). Ruinen von al-Balid: An der westlichen Küste Salalas, im Strandbereich von Haffa, liegen die Reste des antiken Hafens Zafar; ein kurzer Abstecher genügt.

Essen/Ausgehen: Beliebter Abendtreff ist das »Holiday Inn« mit den besseren der Salala-Restaurants, arabisch-europäische Küche. Außerhalb des Hotels ist nur das »Hassan bin Thabit« an der 23rd July St. zu empfehlen, gute indische Gerichte, Gegrilltes.

REISE-INFO
OMAN: SÜDEN

Einkaufen: Im Gold-Souk nahe dem Nahdha-Salam-Kreisverkehr findet man handgearbeiteten Schmuck; Kleider im Dhofar-Stil, Weihrauch und Zubehör kauft man im Husn Souk, al-Haffa.

Ausflüge: Östlich von Salala: Wadi Darbat: 4 km hinter Taqa, 34 km von Salala, fährt man auf einer Piste in das Wadi Darbat hinunter. Am Ende des Wadis erlebt man während und kurz nach der Monsunzeit den rund 100 Meter hohen Wasserfall, umgeben von üppiger Vegetation.
Ain Homran: Das populäre Ausflugsziel liegt knapp 10 km östlich von Salala, gekrönt von einem Wachturm; der Weg endet an einem natürlichen Pool.
Mirbat, Khor Rori und Gabal Simham: Von der Straße, 65 km von Salala, sieht man schon die spitz zulaufenden Kuppeln der Grabmoschee des Bin Ali. Mirbat, früher bekannt für seine Pferdezucht und Weihrauch, lebt heute hauptsächlich vom Verkauf getrockneter Sardinen. Der Ort ist nett, weil kaum von modernen Bauten verschandelt.
Das mächtige Bergmassiv von Mirbat ist der Gabal Simham, mit 1600 m das höchste Plateau des Dhofar, erreichbar von Khor Rori aus, auch Samaramm genannt, vor 3000 Jahren wichtiger Exporthafen für den legendären örtlichen Weihrauch. Die Ruinen wurden zwischen 1952 und 1962 freigelegt. Nähere Informationen zu den Öffnungszeiten und der notwendigen Erlaubnis des Ministry of National Heritage and Culture gibt es an der Rezeption des »Holiday Inn Hotel« in Salala.
Westlich von Salala: Mughsail und Rakhyut: Links weiße Strände mit Schatten spendenden Pavillons, rechts steil auf-

Dusche von unten: Fontäne bei Mughsail

---

steigende Berge – 37 km westlich von Salala wird die Landschaft immer spektakulärer. Weiter westlich verläuft die Straße erst landeinwärts, nähert sich wieder dem Meer, wo Fontänen aus dem Boden schießen oder sprudeln, je nachdem, wie rau die See rollt und Wasser in die unterspülten Felsen drückt.
Richtung Rakhyut führt ein großartiger und abenteuerlicher Ausflug in die Berge. Die Straße führt mit – während der Monsunzeit leider wolkenverhangenem – wunderbarem Ausblick auf die Küste hoch und fällt dann in wenigen Haarnadelkurven steil in eine Talsenke, das Wadi Afawl, von wo acht Haarnadelkurven auf ein Plateau des Gabal al Qamar hochführen. Parallel zur Küste geht es weiter, dann im Bogen hinunter zum Meer nach Rakhyut, das am Ende einer steilen, bewaldeten Schlucht liegt und einen schönen Strand hat. Die Weiterfahrt Richtung Jemen endet, ohne Spezialgenehmigung nicht passierbar, an einem Militärposten. Der Ausflug dauert einen ganzen Tag; Tankstelle nur bei Mughsail.
Ubar: Das verlorene »Atlantis der Wüste« ist mehr ein Stopp auf dem Weg von oder nach Muscat als ein Ausflug (4WD nötig). Jahrhundertelang suchte man nach jener Stadt, die als die verlorene in Tausendundeiner Nacht, als Omanum Emporion, von arabischen Geografen des 2. Jh. erwähnt, als Irem Dhat al Imad im Koran als Sündenpfuhl verdammt ist und die Fantasien anregte wie das sagenhafte Atlantis.
Den einzigen aus dem 20. Jh. stammenden Hinweis auf den ungefähren Standort Ubars hatte Bertram Sydney Thomas aufgespürt, der 1931 die Rub al-Hali durchquerte; er ging seiner Spur jedoch nicht weiter nach. Erst moderne Satellitenbilder brachten den Archäologen Fakten. Bei as-Sisar schien eine Karawanenstraße, Teil der Weihrauchstraße, zu beginnen. Den entscheidenden Tipp gaben dann Beduinen, welche die Forscher auf Ruinen bei as-Sisar hinwiesen.
1993 begannen die Grabungen. Tatsächlich fand man eine alte Karawanserei, dazu die lebensnotwendige Quelle, Häuser, Lager, Ställe für Pferde, Münzen aus Syrien und Rom. Sehen kann man allerdings wenig. Nur wirklich archäologisch Beschlagene und Interessierte kommen auf ihre Kosten. Das ist der Fluch der wenig spektakulären Siedlungsarchäologie, der kriminalistischen Disziplin der Archäologie.

Mirbats Attraktion ist die Grabmoschee des Bin Ali mit seinen zwei Zwiebelkuppeln und dem vorgelagerten Brunnenhaus für rituelle Waschungen

Fenster eines Kontorhauses in Mirbat

Bei Haffa liegen die Ruinen von al-Balid

Touristen besichtigen Khor Rori

Die Bucht von Khor Rori ist ein Naturreservat, das gerne von Ausflüglern besucht wird. In der Nähe berichten archäologische Funde, die in drei Grabungsperioden zwischen 1952 und 1962 gemacht wurden, von einem antiken Weihrauchhafen, der hier vermutet wird: Samaramm. Hier soll der Weihrauch aus dem Dhofar gesammelt, versteuert und in alle Welt verschifft worden sein.

Überreste einer antiken Steinmauer in Khor Rori

Auf der Suche nach dem Fortschritt

Gr. Foto: im Bankenviertel von Kuwait City. Kl. Foto: Spaziergang an der Corniche.

Mit gehörigem Abstand folgt die Araber-Frau ihrem Mann, während sich im Banken-Viertel der Yuppie am Filofax festhält. Das kleine Kuwait ist eines der spannendsten Länder im Nahen Osten. Immer noch traumatisiert von den Golfkriegen 1990/91 und ab 2003, macht sich ein ganzes Land auf die Suche nach einer besseren, demokratischen Zukunft. Touristisch ist das Scheichtum ein Newcomer: Erst seit 1994 fördert Kuwait Urlaubsreisen in das Land.

Die jungen Männer sind fast jeden Abend an der Corniche nahe den Kuwait Towers zu finden. Die Strände im Abendrot, Cafés mit Blick aufs Meer, Swimmingpools, Spielplätze und gelegentlich eine milde Brise vom Meer. »Ansonsten«, sagt Walid, der die Baseballmütze ebenso zuverlässig mit dem Schirm nach hinten trägt wie ein täglich frisches T-Shirt mit Tomi-Hilfiger-Schriftzug, »treffen wir uns bei Freunden.« Freitags, wenn der Makler und Junggeselle frei hat, fährt er mit seinem BMW zum Surfen oder Jet-Ski-Fahren an die Messilah-Beach. »Das war's dann auch schon an Aufregung hier«, stöhnt er. »Ansonsten gibt es nur noch Satellitenfernsehen, um die 70 Kanäle, MTV Asia, VH1 und so.« Der bildschirmweite Blick hinaus in den wilden Westen. Diskos, Mädchen und Drinks, das sind Synonyme für den Urlaub in Beirut oder Kairo. Einmal war Walid, die Haare mit Gel nach hinten gekämmt, die neue Ray Ban auf der Nase, in New York. Der Kulturschock sitzt ihm bis heute in den Gliedern – der Schock, wie klein, eng und rückständig sein geliebtes Kuwait sei.

Kuwait ist islamisch nach der puritanischen Lehre der Wahabiten. Tradition und Moderne stoßen unentwegt aufeinander. Hier das futuristische Parlamentsgebäude, da der alte Hafen. An der einen Straße die Börse, in deren Glasfassade sich die Grand Mosque spiegelt, dort der Safat Square, um die Ecke ein Souk mit Beduinenstoffen, den neuesten DVD-Playern und in der Nähe die Mega-Trichter, Speicher für das Wasser aus den Entsalzungsanlagen.

Kuwait, knapp 800 000 Einwohner mit kuwaitischem Pass, 1,2 Millionen Ausländer, mit 17 800 Quadratkilometern kaum halb so groß wie die Schweiz, ist einer der Kapitalgiganten Arabiens und zählt zu den reichsten Ländern der Welt. Steuern werden nicht erhoben; Arzt- und Klinikbesuche sind frei.

Viele Kuwaitis sind wohlhabend

Moderne Architektur: Chamber of Commerce

Modebewusst: für zu Hause die Dishdasha, für die Reise den Designer-Anzug

Kuwait City: Hier lebt nahezu die gesamte Bevölkerung des Scheichtums

Minarett neben Wohnturm: Kuwait ist eine große Baustelle

Die moderne Geschichte beginnt im 18. Jahrhundert, als die Utub-Sippe um die Stadt Kuwait ein Scheichtum gründet, das von 1899 bis 1961 unter britischem Protektorat stand und dann ein unabhängiges konstitutionelles Emirat wurde, seit 1978 geführt von Sheikh Jabar al Ahmed al Jaber al Sabah, der mit einem von ihm ernannten Ministerrat die Exekutive ausübte. Die ursprüngliche Verfassung war seit 1976 in wesentlichen Teilen außer Kraft gesetzt. Am liebsten regiert der Emir per Dekret. Zumindest war das so, bis zu jenem Ereignis, welches das ganze Volk traumatisiert hat: der Überfall Iraks auf Kuwait im August 1990.

Der Überfall des Irak hat das Land tief greifend verändert

Einen Streit über den Ölpreis nahm Iraks Präsident Saddam Hussein zum Anlass, Kuwait, dessen Souveränität man nie voll anerkannt hatte, als 19. Provinz mit dem Namen Kazima dem Irak einzugliedern. Kuwaits Emir regierte vom Ausland aus. Kuwaitis, soweit sie nicht im Sommerurlaub außer Landes weilten oder sich verstecken konnten, wurden mit den Ausländern als menschliche Schutzschilde in den Irak verschleppt. Arabien, wörtlich gemeint, weinte um Kuwait.

Nach mehreren verstrichenen Ultimaten und UN-Resolutionen befreite eine Allianz aus 27 westlichen und arabischen Ländern Kuwait im Februar 1991. Die zurückgedrängten irakischen Soldaten hinterließen verbrannte Erde: Das Land war zwar nicht dem Erdboden gleichgemacht, aber vom Museum bis zum Privathaus geplündert. Und noch heute sieht man Autos mit kuwaitischen Nummernschildern unter den irakischen Kennzeichen auf den Straßen Iraks.

Flughafen, Runway und die Kuwait-Airways-Flotte waren zum Großteil zerstört, ebenso Entsalzungsanlagen, Straßen, Fabriken, Souks, Banken, Ministerien. 727 Ölfelder standen in Flammen, in die Wüste ergossen sich riesige Mengen von Öl, und über Monate blieb der Himmel über Kuwait mittags dunkel von giftigen Rauchschwaden, die größte ökologische Katastrophe Arabiens. Neun Monate nach der Invasion war die letzte lodernde Ölquelle von Red Air, dem berühmten texanischen Öl-Feuerwehrmann, und Teams aus aller Welt gelöscht. Kuwait war nicht mehr das Land, das es einmal war. Verschleppte und gefolterte

Der Golfkrieg 1990/91 war eine einzige Tragödie für den rund 18 000 Quadratkilometer großen Staat Kuwait. Beim Rückzug hinterließen die Soldaten Saddam Husseins verbrannte Erde. Bis heute wird in Kuwait wieder aufgebaut. Ein Ende der Arbeiten ist nicht in Sicht, mehrere Milliarden Dollar werden investiert. Kuwait City, die einzige Großstadt des Landes, hat dadurch aber, vielleicht die einzig positive Seite, ein neues, modernes Gesicht bekommen.

Kuwaitis, Familien, vor deren Augen Väter und Brüder erschossen und Frauen vergewaltigt worden waren, bilden ein Volk von Traumatisierten. Die Al Riqqa Clinic for Post-Traumatic Stress Disorders behandelt bis heute psychische Kriegsfolgen. Einige hundert Kuwaitis gelten noch immer als vermisst.

Der Stadt sieht man die Kriegsnarben kaum mehr an. Flughafen, Straßen, Häuser, Entsalzungsanlagen – alles ist neu und besser und schöner als zuvor. Zum jährlichen Befreiungstag donnern bei der Militärparade der seinerzeit überrollten Armee die Düsenjets über den blauen Himmel von Kuwait City, Beduinen in Dishdashas führen Schwerttänze vor. Alltag. Über das Wasser flitzen Powerboote; Fischer fahren mit ihren Dhaus hinaus aufs Meer, andere holen ihren

der Oper in Sydney, restauriert. 1992 trat das vor dem Golfkrieg vom Emir durch ein Beratungsgremium ersetzte Parlament mit 50 Abgeordneten erstmals wieder zusammen.

Damit war das Volk in Form von etlichen gemäßigten Gruppen und einem Islamistenblock in wichtige Entscheidungen nach dem Neuanfang eingebunden. Kuwaits Regierung, durch den schnellen Wiederaufbau finanziell ein wenig klamm, wollte die Wirtschaft liberalisieren, doch viele Vorlagen scheiterten an themenfremden Streitigkeiten der Gruppen, denen die Gründung von Parteien immer noch verboten ist.

Durch Reformen soll die Wirtschaft angekurbelt werden

Parlamentsauflösung durch den Emir, Neuformung – immer wieder ging es um überfällige Reformen zu Gunsten von Wirtschaftswachstum und Privatisierung durch Steuersenkungen für ausländische Firmengewinne, unbeschränkten Gewinntransfer ins Ausland, Zulassung aus-

ländischer Investoren an der Börse, Umsetzung internationaler Urheberrechtsbestimmungen gegen Markenpiraten und Raubkopierer. Nötig sind all diese Maßnahmen, um durch Ankurbelung des Handels aus der Abhängigkeit von den stark schwankenden Ölpreisen und zur Neige gehenden Reserven zu gelangen. Im Haupthafen Shuaikh eröffnete 1999 die erste Freihandelszone des Landes. Größtes Aufsehen erregte Emir Sabah im Mai 1999. Er löste das entscheidungsunfähige, weil seit zwei Jahren zerstrittene Parlament auf, rief Neuwahlen aus und erklärte, es sei an der Zeit, Frauen das aktive und passive Wahlrecht einzuräumen. Die Übergangsregierung des Emirs erließ das entsprechende Dekret. Da das Parlament, sobald wieder konstituiert, das Dekret bestätigen oder für nichtig erklären musste, wurden die Juli-Wahlen zum Referendum über die fast in ganz Arabien schwelende Frauenfrage. Mit einer Zwei-Drittel-Mehrheit wurde das Dekret gekippt. Vor der Wiedervorlage des Gesetzentwurfes zogen Hunderte Frauen, ein unerhörtes Novum, mit

Kriegssouvenir: Panzersperre vor dem »Safir Hotel«

Fang aus den traditionellen »hadra«, den Fischfallen im seichten Küstenwasser. In den Souks feilschen verschleierte Frauen um Gemüsepreise.

Doch der Golf-Krieg nötigte dem Emir, auch auf Druck der westlichen alliierten Befreier, demokratische Zugeständnisse ab, was zuerst im Stadtbild ins Auge fiel. Als erstes Gebäude wurde die Nationalversammlung, erbaut vom Architekten

Im Hafen von Kuwait City liegen Dhaus vor Anker

Neu gebaut wurde auch der Ghani Palace

Händler ...   ... im Souk nahe dem Stadtpark (unten)

Wichtigster Wirtschaftsfaktor in Kuwait ist das Erdöl. Mit den Schwankungen des Ölpreises auf dem Weltmarkt steigen und fallen allerdings auch die Staatshaushalte. Eine Umorientierung ist nicht einfach. Erst seit 1994 wird der Tourismus als zusätzliche Einnahmequelle gefördert. Pro Jahr bringen die ausländischen Urlauber und Geschäftsreisenden allerdings nur 150 Millionen US-Dollar in die Kassen. Erfolgreicher war man beim internationalen Investment der Ölmilliarden. So ist das Land Großaktionär der Hoechst AG, das die Fusion mit dem französischen Unternehmen Rhône-Poulenc 1999 nur mit einigen Sonderwünschen und Auflagen genehmigte.

Spruchbändern vor die Nationalversammlung, besetzen friedlich einen Bus und versuchten sich später bei der jährlichen Aktualisierung der Wahllisten einzutragen; doch das misslang.

Ein zweites Mal scheiterte der Emir. Denn, so argumentierten neben den Scheinheiligen auch die 15 Pro-Frauen-Parlamentarier, Frauenwahlrecht sei keine dringende Angelegenheit. Dekrete jedoch dürften nur bei Gefahr in Verzug erlassen werden. So stehe es in der gültigen Verfassung. Und die gelte. Auch für den Emir, der sie seinen Untertanen gewährt hat. Erst 2005 räumte das Parlament den Frauen das Wahlrecht ein.

Einen anderen Beschluss, der Frauen hilft, ließ man unangetastet. Eine eigene Regierungsbehörde zieht kuwaitische Männer zur Rechenschaft, die im Urlaub islamische Kurzehen, »Orfi-Ehen«, schließen und für Kinder aus diesen Verbindungen nach Urlaubsende und Scheidung keine Alimente bezahlen wollen.

Anreise: Kuwait, ein wichtiges Drehkreuz zwischen Europa und Asien, wird sowohl von Europa als auch von den Golfstaaten täglich angeflogen.

Unterkunft: Die Hotellerie Kuwaits ist auf Gäste mit dicker Geldbörse ausgerichtet; 5-Sterne-Hotels ab ca. US-$ 150: Das »Safir International« (Tel. 00965-2530000, Fax 2563797; E-Mail: sik@safir-hotels.com) lockt seine Gäste mit einer Besonderheit, die mehr und mehr auch Nicht-Asiaten buchen: Teppanyaki-Zimmer auf dem Japanese Floor; an einem Privatstrand und zehn Autominuten vom Messegelände entfernt liegt das »SAS Radisson Kuwait« (Tel. 5756000, Fax 5750155; www.radisson.com.safatkwt); das Lieblingshotel der Kuwaitis und der ausländischen Geschäftsleute ist im Zentrum das »Sheraton Kuwait Hotel and Towers« (Tel. 835555, Fax 2448032; www.sheraton-kuwait.com); ein Tipp ist auch das elegante »Le Meridien« (Tel. 52510999, Fax 52528334; www.kuwait.lemeridien.com).

Sehenswürdigkeiten/Museen: Sief Palace: Hier residiert der Oberste aller Kuwaitis, Emir Sheikh Jaber al Ahmed al Jaber al Sabah. Der nach dem Golfkrieg renovierte Palast kann weder besichtigt noch fotografiert werden; aber selbst von außen ist er beeindruckend. Gegenüber, ebenfalls an der Arabian Gulf St., erhebt sich die Große Moschee, 1986 eröffnet, mit Platz für 11 000 Gläubige. Die Moschee, Baupreis 45 Mio. US-$, zählt ohne Zweifel zu den schöneren modernen Exemplaren Arabiens: Die Nischen sind verkleidet mit bunten marokkanischen Mosaiken, die 21 Teakholz-Portale verziert mit Kalligraphien. Die Kuppel über dem von Marmor und Naturstein dominierten Hauptgebetsraum misst 26 m im Durchmesser; an der Südwand führt ein eigenes Portal in den abgeschlossenen Betbereich für knapp 1000 Frauen. An der Nordwand liegt der Privateingang des Emirs.
Nationalmuseum: Das Museum mit seiner herrlichen Sammlung islamischer Kunst, einer ethnographischen und archäologischen Abteilung war berühmt und galt als eines der schönsten Arabiens. Dann kamen die irakischen Invasoren, zerstörten nahezu den gesamten Komplex und stahlen die schönsten Aus-

stellungsstücke. Die Iraker haben zwar nach Ende des Golf-Krieges bis auf wenige Meisterstücke wie die Ikaros-Stele einen Großteil ihrer Kriegsbeute zurückgegeben, doch das meiste ist für Jahre bei Restauratoren verschwunden. Exponate wie Kalligraphien, Korane, handgeschnitzte Gebetsnischen etc. werden erst in Jahren in ein neues Museum zurückkehren. Das Projekt wird nicht mit Nachdruck verfolgt. Das Museumsgebäude selbst bleibt wohl ein Mahnmal an den irakischen Überfall und ist als solches tatsächlich sehenswert (Sa–Mi 8–13, 16–19, Do/Fr 8–11,16–18.30 Uhr).
Bayt al Badr: Als Teil des National-Museums-Komplexes wird das ehemalige Haus der alten Kuwaiti-Familie Badr vor allem für Handarbeits-Ausstellungen verwendet (Sa–Do 8–12, 16–19 Uhr).
Sadu House: Das Haus der Weber in der Gulf St., nahe dem Nationalmuseum, stellt beduinische Weberei und Handarbeiten aus. Im Hof weben und lernen Beduinen-Frauen, viele gefördert von der Regierung, die diese Kunstfertigkeit am Leben erhalten will; man darf kaufen. Bei aller Nomadenkunst ist das Haus selbst nicht zu übersehen: ein gutes Beispiel der Alltagsarchitektur vor dem Ölboom (Sa–Do 8–12, 16–19 Uhr).
Tareq Rajab Museum: Keramiken, Manuskripte, Webarbeiten, auch aus Usbekistan, sowie eine riesige Sammlung an traditionellem Silberschmuck findet man in Jabriya (Öffnungszeiten: Tel. 5317358).
Old City Wall Gates: Sheikh Salim al Mubarak ließ 1922 die Mauer bauen, um marodierende Wüstenstämme von Raubzügen abzuhalten. Die Mauer ist verfallen; die Stadttore, eines nahe dem »Sheraton«, im Kreisverkehr neu gebaut.

Historische Architektur: Sadu House

Kuwait Towers: Die drei Türme, der höchste 187 m hoch, wurden seit ihrem Bau 1979 das unübersehbare Wahrzeichen Kuwaits, sind sogar im TV das Sender-Logo. Die beiden höheren Türme mit den Kugeln beherbergen ein teures Dreh-Restaurant, ein preisgünstigeres Café und ein Aussichtsdeck (tgl. 9–23 Uhr).

Essen/Ausgehen: Langsam kommt Leben in die Szene. Gute Restaurants sind: »Beit 7« (Tel. 2450871, Al Sur St.), »Le Nôtre« (Tel. 805050, Arabian Gulf St.), indische Küche serviert »Nawab Fort« (Tel. 2427404, Mesilah Complex).

Einkaufen: Mangel an Geschäften gibt es in Kuwait nicht. Der Souk nahe dem Stadtpark (Municipal Park) hat ein breites Angebot an Gold, Schmuck und Dolchen bis hin zu Elektronik. Die Preise sind in Kuwait, vor allem in Malls wie dem schicken Al Mutthana Complex im Zentrum, generell etwas höher als in den übrigen Staaten der Region.

Ausflüge: Fährfahrt zu Failaka Island: Nach archäologischen Funden war Failaka, größte der neun kuwaitischen Inseln, bereits um 5000 v. Chr. besiedelt und die strategisch wichtigste Insel; sie bildete später das Handels-Rückgrat Kuwaits. Hier gefundene sumerische Texte berichten von Dilmun, dem großen arabischen Handelsimperium im 2. Jt. v. Chr. Im Tempel, das Herzstück des heutigen Grabungsfeldes, verehrte man Inzak, Dilmuns Schutzgottheit; die Insel mit ihrer Süßwasserquelle galt als Pilgerort. Die Griechen benannten die Insel nach dem ägäischen Inselchen 325 v. Chr. in Ikaros um, verehrten im Tempel Apollo und Artemis. Zwei Jahrhunderte später war die Insel verlassen; während des Golfkrieges wurde sie komplett vermint.
Bei al-Gahra, 32 km westlich Kuwait-City, wurden 1920 die Saudis geschlagen; die rote Festung Qasr al Ahmar mit den vier Wachtürmen, blieb stehen; Hof, Harem, Moschee, alles sehr schlicht, können besichtigt werden (Öffnungszeiten unter Tel. 4772559).

Information: Infos bekommt man nur im Internet. The Kuwait Information Office: www.kuwait-info.org; Kuwait Times: www.kuwaittimes.com. Geduld ist bei Kuwait-Homepages notwendig: Sie sind des Öfteren down oder recht schwer erreichbar.

Dicht beieinander: Religion und Geschäftsleben

Die 1986 eröffnete Grand Mosque in Kuwait City spiegelt sich in der Fassade eines Nachbargebäudes

Die Nationalversammlung Kuwaits

Zahlreiche moderne Bauwerke schmücken Kuwait City, die Hauptstadt und einzige Metropole des kleinen, aber finanzkräftigen Scheichtums am Golf. Einer der herausragenden Bauten ist die Grand Mosque gegenüber dem Sief Palace. Bemerkenswert ist auch die Nationalversammlung, die der dänische Architekt Jørn Utzon errichten ließ, dessen bekanntestes Bauwerk die Oper in Sidney ist. Das Wahrzeichen der Stadt sind jedoch die Kuwait Towers (siehe Seite 8). Der kleinste Turm fungiert als Energiereservoir, die beiden anderen enthalten jeweils ein Wasserreservoir mit 4,5 Millionen Litern.

Schmuckstück moderner arabischer Architektur: Minarett der Grand Mosque

Moschee für das 21. Jahrhundert in Salmiya

Insel der Händler, Banker und Nachtschwärmer

Fotos: Marktverkäufer am Bab al Bahrain und Gold-Souk in Manama.

Mit Perlen, Schmuck und Erdöl wurde Bahrain groß. Doch in Arabien ist der kleine Inselstaat als Zentrum für Off-Shore-Banken und Entertainment rund um die Uhr bekannt. Vor allem die Nachbarn aus dem asketischen Saudi-Arabien feiern dort ausgiebig ihre Wochenenden – und können dort einen Blick in die Zukunft werfen: Bahrains Erdölvorräte sind nahezu erschöpft, das Land ist auf dem besten Weg, zur »Wall Street der Golfregion« aufzusteigen. Und die Formel 1 ist auch schon da.

Als sie »ya rayeh« singen, einen Hit, der zur panarabischen Hymne avanciert ist, hält es auch die in Dishdashas gekleideten Männer nicht mehr auf ihren Stühlen. Eben hatten sie noch im Nachtclub des »Best Western Hotel« ruhig an ihrer Wasserpfeife gezogen und dabei teilnahmslos in ihren Teetassen gerührt, gerade so, als seien sie nur zufällig Gäste der Russian Show von Lena, Lydia, Olga und vier anderen Mäd-

Minarett in Manama

chen, jede eine Schönheit mit Modelfigur, stimmlich nicht ganz so atemberaubend ausgeformt.

Die Männer tanzen nicht modern, nein, ihre Schritte sind die Schritte beduinischer Tänze, fast unwirklich wirkende Bewegungen im Rhythmus moderner Rai-Musik. Die russischen Mädchen singen in lautmalerisch gelerntem Arabisch das Lied des in Paris lebenden Algeriers Rashid Taha, das ihre eigene Situation ganz gut beschreibt: Warum gehst du in die Fremde, warum verlässt du deine Heimat? Du gehörst nicht ins Exil.

Die Replik für Lena, Lydia und Hunderte anderer Mädchen aus Russland und der Ukraine fiele wohl gleich aus – Bahrain bedeutet Jobs, Geld, Hotelzimmer und

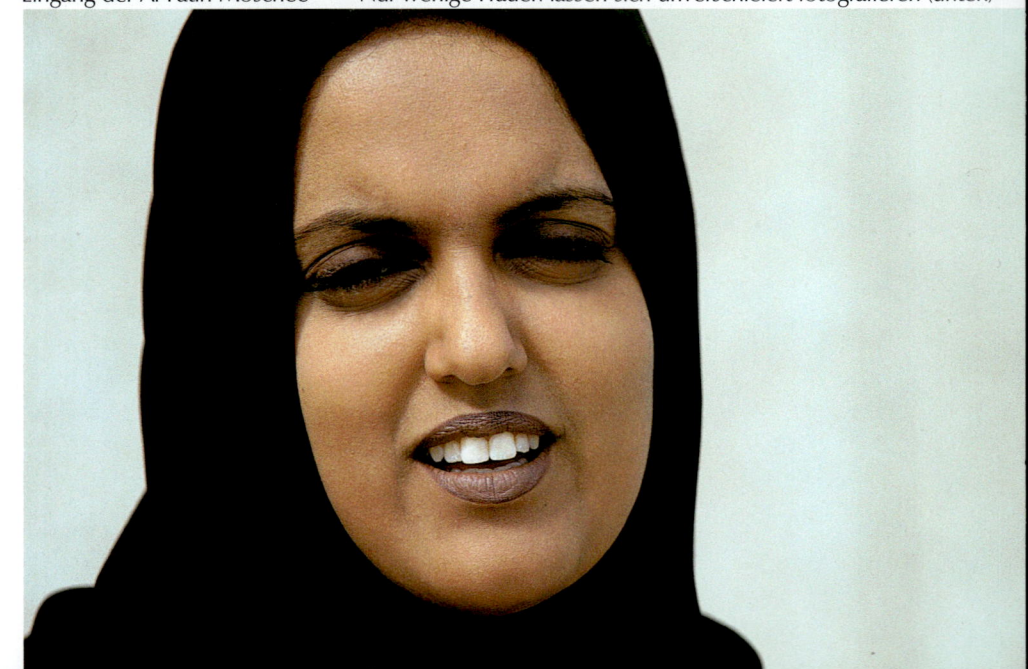

Eingang der Al-Fatih-Moschee   Nur wenige Frauen lassen sich unverschleiert fotografieren (unten)

Verpflegung. Das sind die Bedingungen auf der kleinen Entertainment-Insel, die über den 1986 eröffneten »King Fahd Causeway« die Brücke ins asketische Saudi-Arabien schlägt. Von dort kommen die meisten Geschäftsleute und Bahrain-Touristen. Bahrain bedeutet Spaß, gutes Essen, Alkohol. Der Volksglaube sagt, hier sei der biblische Garten Eden gewesen. Für viele Saudis muss Bahrain das vollkommene Wochenend-Paradies sein.

Bahrain ist mit 706 Quadratkilometern etwas kleiner als Hamburg – kein Weg ist länger als 50 Kilometer. Bahrain besteht aus 33 Inseln; Bahrain und Hawar sind die größten des Archipels mit der Hauptstadt Manama und 640 000 Bewohnern, knapp ein Drittel davon Ausländer. Das Viertel nahe dem christlichen und dem jüdischen Friedhof heißt Little India und ist tatsächlich so quirlig wie ein indisches Hindu-Dorf.

Die meisten Besucher führt der erste Spaziergang an das Bab al Bahrain, das Bahrain-Tor, von wo aus man den Souk durchstreift, ein abends von Neonreklamen überfluteetes Labyrinth aus Gassen und Straßen. Es dominieren Elektronik-, Gold- und Schmuckläden, in denen Touristinnen und verschleierte Frauen Ketten, Armbänder, Perlenketten und Diamantringe begutachten und um gute Preise feilschen, oft ein zähes Unterfangen. Denn die Händler gelten als die gewieftesten und unnachgiebigsten des Arabischen Golfs. Schon aus Tradition.

Bahrain, besiedelt seit rund 6000 v. Chr., war im 3. vorchristlichen Jahrtausend Zentrum von Dilmun, eines der größten je existierenden arabischen Handelsimperien, reich geworden durch Perlen.

Dokumentiert ist in groben Zügen beispielsweise die Biographie eines von vielen Bahrainer Händlern aus dem 7. Jahrhundert, als Dilmun schon Vergangenheit war. Mit Hilfe einer kleinen Flotte von Dhaus trieb der Mann Handel bis ins ferne China, wo er sich sogar einen chinesischen Namen zulegte: Nan-fan Hui-hui-Folian, der Perlenhändler. Der Perlenhandel blühte auch unter den Portugiesen, die Bahrain als Schlüsselinsel gegen die Osmanen verteidigten.

Kleines Land mit großer Geschichte

Im 17. Jahrhundert vertrieben die Bahrainer die Portugiesen und unterwarfen sich Persien. Die ersten Herrscher aus der heute noch regierenden Khalifa-Familie entledigten sich Ende des 18. Jahrhun-

Gute Lizenz-Geschäfte macht Bahrain als Sitz von Off-Shore-Banken

Das moderne Manama, zu einem Drittel auf künstlich gewonnenem Land errichtet, täuscht auf den ersten Blick. Seit Jahrzehnten ist die Stadt Handels- und Finanzzentrum Arabiens. Doch auch das Entertainment kommt hier nicht zu kurz: Russian Shows, Cabarets, Bars, Diskos – an Wochenenden strömen Tausende Touristen aus Saudi-Arabien über den Causeway nach Bahrain, um sich ein bisschen Alkohol und Vergnügen zu gönnen.

derts der Perser, die noch bis zur Revolution durch Ayatollah Khomeini Bahrain nicht als Staat, sondern nur als persische Provinz anerkennen sollten. Nach einer kurzen Regentschaft, unterbrochen von – übrigens nicht der ersten – Eroberung durch den Oman, fügten die Briten Bahrain im 19. Jahrhundert ihrem Empire ein. Für sie war die Insel ein wichtiger Stützpunkt auf dem Seeweg nach Indien. 1971 wurde Bahrain in die Unabhängigkeit entlassen. Nachdem eine Föderation mit dem heutigen Qatar und den VAE an Bahrains Führungsanspruch gescheitert war, wurde »Dawlat al Bahrain« als Staat ausgerufen, anfangs eine Monarchie, seit 1973 mit Verfassung.

In Rot strahlt die Mondsichel des Islam auf einem Minarett

Palmen in einer neuen edlen Shopping Mall in Manama

75 Prozent der Einheimischen sind Sunniten und der Rest Schiiten, von deren Dörfern in den 1990er-Jahren gewalttätige Aufstände und Revolten ausgingen, wie sie der autokratisch herrschende Emir noch nicht erlebt hatte. Den Bahrainis, die demonstrierten, Autos und Geschäfte anzündeten, ging es um mehr Mitbestimmung bei der Gestaltung ihrer Insel. 30000 unterschrieben eine Petition mit der Forderung nach mehr Demokratie. Eine aktive Opposition agiert von London aus, prangert Menschenrechtsverletzungen an, fordert Demokratie statt Despotie.

Die Erdölvorräte Bahrains sind demnächst verbraucht

Das sind neue Töne, auch für den Emir Sheikh Hamad bin Isa al Khalifa, Jahrgang 1950, und seinen Premierminister Khalifa bin Salman al Khalifa, die eigentlich eine Erfolgsbilanz sondergleichen vorweisen könnten. Aber Bahrains Erdölvorkommen, die in den besten Jahren bis zu 80 Prozent Staatseinnahmen ausmachten, dürften bald erschöpft sein. Auch die Suche nach Erdgas erweist sich als weitaus schwieriger und weniger ertragreich als erhofft.

Schon seit etlichen Jahren versucht Bahrain, die Abhängigkeit vom Erdöl zu

Männerrunde bei der Kaffeepause im Bistro

Zu den erlesenen und teuren Souvenirs in Bahrain zählen (natürliche) Perlen, die noch heute von Tauchern geerntet werden. Auch Gold und Schmuck findet man überall. An traditionellen Souvenirs, wie man sie am Bab al Bahrain findet, bieten sich an: arabische Kaffeegarnituren (Tassen, Kannen), Töpferei-Arbeiten, handgeflochtene Körbe.

Teures Souvenir: Auch heute noch werden Naturperlen geerntet

überwinden und begann deshalb schon 1975 nach dem Vorbild Singapurs, Off-Shore-Banken zuzulassen. Das sind Filialen internationaler Großbanken, die weitgehend unkontrolliert, ohne Pflicht zu Cash-Rücklagen oder Feuerwehrfonds und ohne jede Steuerpflicht für Anleger und Bank arbeiten. Im Gegenzug dürfen die Off-Shore-Banken nicht mit dem Bahrain-Dinar handeln, keine Geschäfte mit Bewohnern Bahrains machen, und sie müssen der Regierung für die Gewährung der genannten Privilegien hohe Lizenzgebühren zahlen.

Rund 60 solcher Banken operieren in Bahrain, tätigen täglich Transaktionen in Höhe von über 3,5 Milliarden Dollar und machen den Inselstaat zum Bankenplatz Nummer eins im Golf.

Mit Hilfe saudischer Partner will Bahrains Regierung 100 Millionen Dollar in die Entwicklung eines 20 Quadratkilometer großen Luxustourismus-Gebietes im Süden der Insel investieren, der im Gegensatz zum feinen, steril wirkenden Manama der Banken geradezu arabischen Charme versprüht und nicht so aufgeräumt wirkt.

Bahrain rangiert, so eine Studie des Wall Street Journal, nach Amerika und Luxemburg auf Platz drei in der Liste der Länder mit den freiesten Wirtschaften der Welt. Nicht genug für die politisch engagierten Bürger von Bahrain. Ende 1999 versprach der Emir, die 1975 abgeschafften Stadtversammlungen wieder zu etablieren. Frauen und Männer sollten das gleiche – aktive und passive – Wahlrecht haben.

Blick durch das Pearl Monument auf das moderne Manama

Langsame Öffnung für eine neue Zukunft

Fortschritt ohne Bürgerbeteiligung, das hat der Herrscher-Clan erkannt, ist unmöglich. 2002 wurden nach einer Verfassungsreform 40 Mitglieder zur Abgeordnetenkammer gewählt. 19 Mandate fielen an gemäßigte Islamisten, 18 an unabhängige Bewerber und Angehörige politischer Vereine, drei an Liberale. 28 Abgeordnete gehören der sunnitischen Bevölkerungsminderheit an.

Die Wahlen wurden vom Boykottaufruf vor allem der beiden größten schiitischen Oppositionsgruppen überschattet.

Für den Konsultativrat berief der König die Mitglieder 2002 neu. Zwei Jahre zuvor waren erstmals Frauen und Nichtmuslime, darunter eine Christin und ein Jude, zu Ratsmitgliedern ernannt worden. Damit hatte der Emir die innenpolitische Lage soweit beruhigt, dass er mit breiter Zustimmung die großen Zukunftsvorhaben angehen konnte. Sichtbarster Erfolg der Öffnung und der touristischen Ausrichtung ist die Formel 1, die seit 2004 in Bahrain Station macht. Sie ist das Aushängeschild für den noch jungen Luxus-Tourismus. Edle Hotels wie in Dubai, Golfplätze und Freizeitparadiese sollen in naher Zukunft Urlauber aus aller Welt anlocken. Dubai hat allen vorgemacht, wie es geht. Man hat keine Scheu in Bahrain, solche Erfolgsrezepte zu kopieren.

Souk: Händler bei der Wasserpfeifenpause ...

... und Tabakverkäufer (unten)

REISE-INFO
BAHRAIN

Anreise: Bahrains International Airport wird täglich von den großen europäischen Fluglinien angeflogen. Von den übrigen Golfstaaten gibt es mehrmals täglich Flüge von/nach Manama.

Unterkunft: Bahrains führende Luxushotels kosten ab 150 US-$ aufwärts. Sie sind alle ideal für Geschäftsreisende und Zentren des gesellschaftlichen Lebens; sie führen sehr gute Restaurants: Top-Hotel: »Ritz Carlton« (Tel. 00973-17580000, Fax 17580333), Foyer mit Gemälden eines Cousins des Emirs von Qatar, Luxus pur; »Hilton Hotel« (Tel. 17535000, Fax 17532071; www.hilton.com); »Sheraton« (Tel. 17533533, Fax 17534069; sherba@batelco.com.bh). Zu den preisgünstigeren Alternativen zählen das angenehme »Best Western Baisan Towers« (Tel. 17290555, Fax 17296565; www.bestwestern.com) mit geräumigen Zimmern ab 80 US-$ sowie in Citylage das noch etwas billigere, aber recht laute »Adhari Hotel« (Tel. 17224242, Fax 17214707).

Sehenswürdigkeiten/Museen: Nationalmuseum: Weit, kühl, selten überlaufen – das von außen eher hässlich wirkende Museum an der Nordostspitze der Insel stellt Bahrains Kultur und Erbe vor. Gefäße, Schmuck, Kleidung, Waffen, darunter steinzeitliche Feuerstein-Haken (Öffnungszeiten unter Tel. 17292977).
Beit al Quran: Die Ausschilderung im Koran-Museum nahe der Government Rd. ist zwar nicht durchgängig in Englisch, aber ein Pflichtbesuch: Tausend Jahre alte Korane, Manuskripte, herrliche Holzarbeiten mit Kalligraphien aus Arabien und Indien und Teile der schwarzen Seidenhülle, die die Ka'ba in Mekka bedeckte (Sa–Do 8–13, 16–21 Uhr).
Heritage Centre: Nahe dem Bab al Bahrain an der Government Rd. präsentiert das Centre u. a. die Themen Fischfang, Perlentauchen, Falknerei, Waffen, Musik (Sa–Mi 8–14, Do 10–17 Uhr).
Bab al Bahrain: Das Tor zum Souk, als Verwaltungsgebäude 1945 von den Briten erbaut. Al-Fatih-Moschee: Zwei Minarette, dazwischen ein mächtiger Kuppelbau – das größte Gebäude des Landes fasst knapp 8000 Gläubige zum Gebet.
Al-Khamis-Moschee: Die (Große) Freitagsmoschee nahe der Sheikh Salman Avenue, sofort an den zwei Minaretten zu erkennen, stammt in den Fundamenten aus dem 7. Jh., ist innen schlicht.
Qal'at Bahrain: Was man zuerst sieht, ist das portugiesische Fort aus dem 16. Jh.; doch das gesamte 4 ha große Areal Ras al Qal'at 3 km westl. von Manama ist der wichtigste archäologische Ort Bahrains, an dem sich (bislang) Siedlungsgeschichte bis 2800 v. Chr. nachweisen lässt.
Barbar Temple: Barbar, lokale Personifizierung des sumerischen Gottes Utu, war der Herr des wertvollen Süßwassers; hier baute man ihm um 2200 v. Chr. einen Tempel (10 km westl. von Manama).

Essen/Ausgehen: Für begeisterte Essengeher und Nachtschwärmer ist Bahrain ein abwechslungsreicher Ort; Alkohol wird meist serviert. Zum Jazz-Brunch trifft man sich Freitag im »Al Fanar« (Tel. 17531666) des »Diplomat Hotel« oder Samstag zum Irish Brunch in »J. J. Murphy's« (Tel. 742323). Einer der besseren Italiener ist das »Titus Arch« (Tel. 716747); in ist im »Hyatt Palace« »Ciro's Pizza Pomodoro« (Tel. 17714001); ein – auch wegen des kostenlosen Welcome-Margarita – beliebter Mexikaner ist die »Casa Mexicana« (Tel. 17715522). Thai-Food genießt man im »Blue Elephant« im »Ritz Carlton« (Tel. 17583555) und im »Hash House« (Tel. 17715094). Im »City Centre Hotel« findet man das sehr gute libanesische »Tarbouche« (Tel. 229979); für feine Fischküche ist das »Al Safina« (Tel. 17727078) bekannt. Nachtschwärmern, die mehr wert auf Drinks als auf gutes Essen legen, kann man angesichts der Vielfalt nur die besten unter den In-Plätzen Bahrains empfehlen, wo man oft vor 23 bis 24 Uhr einsam am Tresen sitzt, mit Ausnahme des »Sherlock Holmes« im

Qal'at Bahrain aus dem 16. Jahrhundert

»Gulf Hotel«, ein durch und durch britisches Pub, das vor allem von Expats besucht wird. »Mix and mingle« ist das Motto von Barnaby Joe in »Adliya«, ein beliebter Treff der Gulf-Air-Stewardessen; durch den Seiteneingang des »Adhari Hotel« geht man, falls die »Hunters' Lodge« (Tel. 17224242) nicht behagt, in »Tabasco Charlie's Bar«, wo es wie im »The Warbler« im »Baisan Hotel« Live-Musik gibt, Karaoke, Ladies' Nights und Quiz-Abende. Erst weit nach Mitternacht beginnt das Leben in den Discos »Savage Garden« im »Mistral Complex« (Tel. 17292927) und »Layali« (Tel. 17533533) im »Sheraton«.

Einkaufen: Shopping in Bahrain unterscheidet sich in nichts von den anderen Golfstaaten: alles Edle, Feine und Teure findet sich in wohl klimatisierten Einkaufszentren (Sheraton Complex, Al A'ali Mall). Flohmarkt-Stimmung und das entsprechende Angebot an nützlichem und unnützlichem Krimskrams erwartet die Besucher beim Isa Town Market an der Al Quds Avenue. Während der Flohmarkt nur Donnerstag und Freitag stattfindet, gibt es den Iranian Market und den Volksmarkt Souk al Shabi täglich ab 8 Uhr morgens. Schön zum Shopping: die Gassen und Straßen um das Bab al Bahrain.

Ausflüge: Insel Muharraq: Auf der zweitgrößten Insel Bahrains, wo auch der Flughafen liegt, erhebt sich das ursprünglich portugiesische, Anfang des 19. Jh. von Omanis ausgebaute Fort Qasr Arad aus dem 16. Jh. Eine andere Attraktion ist das Beit Sheikh Isa, Haus des Urgroßvaters des heutigen Herrschers von Bahrain, ein Beispiel, wie einfach und geschmackvoll man hier vor dem Ölboom wohnte.
Natur-Touren: Der Bahrain-Archipel ist Heimat für teils seltene Tiere, wie Falken und Oryx-Antilopen, Reptilien und Amphibien, für seltene Flora. Naturkundliche Ausflüge bucht man bei Al Reem Environmental Consultation and Ecotourism, Tel. 710868, Fax 640814.
Riffa Golf Club: Knapp 20 Mio. US-$ kostete der 6,2 km lange Platz (Par 72), der in einem Wadi beginnt; ab Loch 5 spielt man zwischen Wüste, Teichen und Palmen, Tel. 17750777.

Information: Allgemeine Landesinformationen: www.bahraintourism.com; Bahrain Tribune: www.bahraintribune.com; Formel 1: www.bahrain-formula1.com.

Bei Ebbe liegen die Dhaus im Hafen der Bahrain-Hauptstadt Manama fast auf dem Trockenen

Wärter im Nationalmuseum mit Exponaten aus 6000 Jahren Geschichte

Töpferwerkstatt in Al Aly

Nächtlicher Verkehrsstau vor dem Bab al Bahrain

Mindestens einen Vormittag lang sollte man sich für das Nationalmuseum Zeit nehmen. Es gibt in einem großzügig angelegten und selbstverständlich klimatisierten modernen Gebäudekomplex an der äußersten Nordspitze Manamas neben dem Sheikh Hamad Causeway nach Muharraq einen umfassenden Überblick über die Geschichte (Golf-)Arabiens seit der Besiedelung durch Menschen. Sehr interessant ist die Islamische Abteilung.

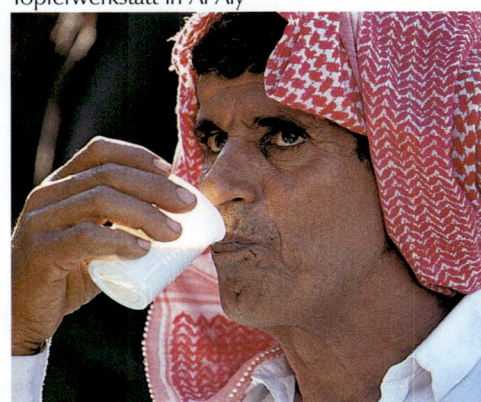
Bahrains Hitze macht Durst

Langer Aufbruch in die arabische Demokratie

Fotos: Downtown-Doha – Nachtleben und Fastfood-Restaurant.

Erst nachts erwacht das Leben in Qatar. Downtown steht man im Stau, die Imbisse und Restaurants füllen sich. Das wohlhabende Qatar macht von sich reden – und erschreckt die arabischen Nachbarn. Als erstes Land der Region will man mit freier Presse und Bürgerbeteiligung behutsam ein Stück Demokratie wagen; ein Experiment mit ungewissem Ausgang. Fest steht aber: Der TV-Sender Al Jezira ist der mediale Herold dieser Bewegung.

Der Tour-Guide ist verzweifelt. Zwei Tage hat Hussein, ein junger Mann von Mitte zwanzig, einer Gruppe Briten sein Land gezeigt, diese an Saudi-Arabien grenzende Halbinsel, mit 11 430 Quadratkilometern etwa halb so groß wie Hessen. Er ist zu den feinsandigen Stränden gefahren, zu vorislamischen Rundgräbern, zum Fischmarkt und der Dhauwerft Al Wakrahs. Die Briten haben artig »nice« gesagt, aber restlos begeistert, das war auch diese Gruppe nicht von Qatars Hauptstadt Doha und dem Rest der Halbinsel.

Alles irgendwie so klein, unscheinbar, kein Nachtleben, der Souk nicht glitzernd, sondern »nur« ein Alltagsmarkt, wie er anderswo kaum im Reiseführer erwähnt wäre. Qatar – das ist Arabien unspektakulär, zumindest auf den ersten Blick. Erst 1990 hat sich das Land zaghaft dem Tourismus geöffnet. Doch Qatar hat sich zu einem der spannendsten Länder am Arabischen Golf entwickelt, seit Emir Hamad Bin Khalifa al Thani am 27. Juni 1995 zum Telefon griff, eine Schweizer Nummer wählte und seinem dort im Urlaub weilenden Vater Khalifa bin

An der Corniche, der prächtigen Uferallee

Hamad al Thani mitteilte, er bleibe besser, wo er sei, denn er sei abgesetzt.

Blut wurde bei dem Putsch nicht vergossen, es fiel auch kein einziger Schuss. Der Gegenputsch von 1996 endete im Jahr 2000 vor Gericht mit der Verurteilung eines Cousins des Emirs und 31 anderer zu lebenslanger Haft. Mit dem Coup begannen wahrlich aufregende Zeiten in Qatar. Der Rest Arabiens ahnte nicht, wie aufregend sie werden sollten.

Knapp 750 000 Einwohner zählt das Land heute. Nur 40 Prozent sind Einheimische; die Mehrheit Pakistaner, Inder, Iraner, der Rest von vier Prozent Europäer und Amerikaner, die hauptsächlich in der

Ölindustrie arbeiten. Etwa 90 Prozent der Bevölkerung bekennen sich zum Islam, die einheimischen Qataris zu den Wahhabiten, eine im 18. Jahrhundert entstandene puritanische, streng der Sharia treue Strömung, die in Qatar aber konzilianter und offener ist als in dem von Wahhabiten dominierten Nachbarland Saudi-Arabien.

Anfang 2000 genehmigte der Emir, nachdem man im Jahr davor diplomatische Beziehungen mit dem Vatikan aufge-

Qatari mit Traditions-Kopftuch

Damenmode im Souk von Doha

In weitem Bogen verläuft die Küste der Halbinsel mit der abendlichen Flaniermeile von Doha

nommen hatte, den ersten Bau einer Kirche für die 60 000 Katholiken (hauptsächlich Filipinos). Dies war nur eine der kleineren, von oben verordneten Umwälzungen.

1971 wurde Qatar, das bis zu den ersten Ölfunden nach 1930 größtenteils bettelarm war, von den Briten in die Unabhängigkeit entlassen. Mit Umsicht, was die immensen Einnahmen aus dem Erdölgeschäft anging, modernisierte der Emir-Clan der Thanis das Land. 66 Prozent der Staatseinnahmen erzielt heute der Erdöl-sektor, dessen Reserven bis 2020 gesichert sind. Zudem besitzt der Ministaat über fünf Prozent der weltweiten Erdgas-Vorkommen und ist damit nach Russland und dem Iran drittgrößter Produzent der Welt. Das Pro-Kopf-Einkommen entspricht westeuropäischem Standard.

Der Emir, bis zum Putsch Kronprinz, ist ein stattlicher Mann, Absolvent der britischen Sandhurst-Militärakademie. Er tritt stets im weißen Umhang auf, und seinen Untertanen ist er geradezu unheimlich. Was sie bis zu seiner Machtergreifung nicht einmal zu denken wagten, das befiehlt der Emir. Nicht wenige scheinen inzwischen zu genießen, dass der unbekannte Emir aus dem kleinen

Doha, die Kapitale des etwa 11 400 Quadratkilometer großen Scheichtums Qatar, ist eine recht grüne Stadt, vor allem wenn man berücksichtigt, dass die gesamte Halbinsel ausgesprochen karg und vegetationslos ist. Indische Gastarbeiter hegen und pflegen die akkurat angelegten Grünanlagen, jeden Morgen sind zahlreiche Wasserwagen in ganz Doha unterwegs.

Qatar durch seine verwegenen Taten halb Arabien erschreckt und die andere Hälfte bloß gestellt hat.

Al Jezira – ungeschönte News für die arabische Welt

Es begann ziemlich unspektakulär. Nachdem Emir Hamad Bin Khalifa al Thani Palast und Verwaltung von Anhängern seines Vaters gesäubert hatte, begann er mit der Demokratisierung und schaffte das Informationsministerium und damit auch die allmächtige Zensurbehörde ab. Als Nächstes stellte der Emir 140 Millionen Dollar für die Gründung eines Fernsehsenders zur Verfügung. Al Jezira sollte er heißen, die Insel.

Es ist dies ein über Satellit verbreitetes arabisches CNN, der erste unabhängige, nach journalistischen Kriterien arbeitende Sender Arabiens, der nicht, wie Praxis von Kairo bis Muscat, den Äther

Er kann sich freuen: Auch Lkw-Fahrer verdienen in Qatar gut

In der Nähe von Doha stehen einige riesige Villen, die Palästen gleichen

mit Regierungsbulletins, Hofberichterstattung und devoten Meldungen über die neuesten Großtaten der eigenen Regierung überflutet. Für journalistische Objektivität sorgen bei Al Jezira 20 angeheuerte Redakteure und Reporter der BBC, alle arabischer Abstammung und mit entsprechend tiefem Hintergrund. Überall in den anderen arabischen Ländern wurde der Sender zum beliebtesten Satellitenkanal. Was Al Jezira sendet, das hat man hausgemacht in Arabien noch nicht gesehen.

»Eine Maus hustet – und die Elefanten zittern«

In amerikanischen Formaten nachempfundenen Sendungen wie »Mehr als eine Meinung«, »Ohne Grenzen« oder »Die entgegengesetzte Richtung« stritten zwei Frauen live darüber, ob islamische Polygamie »heutzutage Müll ist«, so die eine, oder »die Diskussion darüber schon Blasphemie«. Ein irakischer Anrufer konnte live das Königreich Jordanien als »künstliches Staatsgebilde« und Kuwaits Emir als Verräter bezeichnen, weil er Frauen das Wahlrecht geben wolle – in diesen Fällen wurden in Amman und Kuwait von den beleidigten Potentaten die Al-Jezira-Studios geschlossen. Die Qataris waren stolz, wenn nicht belustigt. »Eine Maus hustet«, sagt einer, »und die Elefanten zittern«. Arabien ist voller Tabus; Al Jezira steuert

den Gegenkurs. Aber warum? Emir Hamad wurde weltweit so bekannt, dass der US-Präsident seinen Namen kennt, aber bei Arabiens Regimen wurde er nicht beliebter. »Die Gründung des Senders«, meint der Ex-Al-Jezira-Reporter Nidal Kabalan, »war ein kluger Schachzug: Alle Welt weiß nun erstens, dass es Qatar gibt. Zweitens ist der dominierende arabische Konservatismus erstmals mit der Kraft der freien Meinung konfrontiert, dem ›Sauerstoff für die Zukunft‹, wie es der Emir nennt, und all das kommt aus dem konservativen Qatar.«

Der Reichtum wird offen zur Schau getragen   Vor dem »Sheraton Doha« (unten)

Erst wenn es kühler wird, gehen die Menschen aus den Häusern

Al Addin's Kingdom: Am Abend öffnen die Rummelplätze

So ist es Qatar gelungen, sich zwischen Saudi-Arabien und Dubai mit weltweiter Wirkung zu positionieren. Immer mehr US-Soldaten zogen seit dem Golfkrieg 2003 von Saudi-Arabien auf Stützpunkte rund um Doha um – Amerikas Belohnung für Qatars Demokratisierungswillen, Reaktion aber auch auf den wachsenden US-Hass in Saudi-Arabien.

Zur Steigerung des touristischen Bekanntheitsgrades setzt man auf spektakuläre Projekte, will den Transrapid an den Golf holen, richtet Großereignisse aus, so 2006 die Asien-Spiele.

Die Zukunft Arabiens liegt in der Demokratie

Auch sich selbst und sein Regime verschont der Emir nicht. Gleich zwei Menschenrechtsorganisationen, die ersten in Arabien, bekam Qatar verordnet. Al Jezira, Radios und Zeitungen konnten ungestraft kritisieren, dass selbst weitläufige Verwandtschaft des Emirs, so untätig sie auch sei, von Geburt an mit Apanagen von monatlich 8000 Dollar aufwärts bedacht würde, während es in Qatar längst arbeitslose Einheimische gebe.

1999 rief der Emir zu den ersten demokratischen Wahlen für ein beratendes Kommunalparlament auf. Erstmals hatten auch Frauen, 9000 von 22 000 Wählern, das passive und aktive Wahlrecht. Doch keine der sechs Kandidatinnen machte das Rennen.

Seit 2005 gilt in Qatar eine neue Verfassung, die sich nicht mehr allein auf die Sharia, die islamische Rechtslehre, beruft, sondern diese nur noch als eine Hauptquelle neben anderen berücksichtigt. Die Verfassung garantiert Parlamentswahlen, schreibt die Gleichheit von Mann und Frau fest und ordnet den Instanzenweg der Gerichtsbarkeit, d. h. es gibt einen Obersten Gerichtshof, der in allen Belangen das letzte Wort hat. Die Befugnisse des Emirs bleiben aber immens.

Abermals: Warum tut ein Herrscher sich all das ohne Zwang an? »Der Emir«, meint der Politikwissenschaftler Abdel Aly, »will sein Volk im Vorausblick auf die wirtschaftlich nicht mehr so leichten Zeiten, wenn die Erdölreserven zur Neige gegangen sind, einbinden.« Oder wie es Qatars Außenminister Jaber al Thani beschrieb: »Wenn wir die Tür nicht öffnen, dann werden sie andere mit Gewalt eintreten.« Eine unbequeme Erkenntnis. Auch für den Rest Arabiens.

Wohlstand ist eine Selbstverständlichkeit in Qatar. Selbst Saudis, die im Durchschnitt nicht so reich sind wie man gemeinhin annimmt, schauen ein wenig neidisch in das kleine Nachbarland, dessen Zukunft auch nach Ende der Erdölreserven gesichert zu sein scheint: Qatar besitzt riesige Erdgasvorkommen und hat eine ölunabhängige Industrie aufgebaut, die bereits 13 Prozent des Bruttoinlandsproduktes erwirtschaftet.

Karte: Seite 112/113, Planquadrat C/D 3.

Anreise: Mit Qatar Airways erreicht man mehrmals wöchentlich Doha (Abflugort: München). Tägliche Verbindungen gibt es mit europäischen Gesellschaften sowie Emirates; meist mit Umsteigen in Kuwait, Dubai oder Abu Dhabi (Tickets für diese Flüge mit Zwischenstopp/Umsteigen sind meist billiger als Nonstop-Flüge).

Unterkunft: Qatars Unterkünfte sind in erster Linie für zahlungskräftige Kunden ausgelegt (ab 150 US-$) und zum Formel-1-Zirkus ausgebucht. Top-Hotel ist das »Four Seasons« (Tel. 4948888, Fax 4948282). Erstes Haus am Platz war lange das »Sheraton Doha« (Tel. 00974-4854444, Fax 4832223; www.sheraton.com). Weitere Spitzenhotels: »Mercure Grand Hotel Doha« (Tel. 4462222, Fax 4439186); »Ramada Hotel« (Tel. 4417417, Fax 4410941; ramada@qatar.net.qa). Günstigere Alternativen sind das »New Capital« (Tel. 4445445, Fax 4442233, Al Mushairab St.) und das nahe »Qatar International« (Tel. 4321761, Fax 4495567), beide ordentlich und sauber.

Sehenswürdigkeiten/Museen: Old Souk: Zwischen Souk Wakif und Souk St. liegt der alte Marktplatz Dohas, Geschäfte mit dem üblichen Angebot, das von wohl riechenden Gewürzen bis zu den »bisht«, den handgefertigten Umhängen aus Kamelhaar, reicht.
Den Neuen Souk mit einem breiteren und teureren Angebot an Elektronik, Schmuck, Stoffen findet man zwischen Grand Hamad, Al Tarbiya und Ali Bin Abdullah St. und gleich gegenüber den attraktiven Gold Souk. Da Araberinnen lieber schneidern lassen als Konfektion zu kaufen, gibt es dafür drei Adressen: Souk Asiery, Souk Nasser Bin Saif und Souk Falah.
Qatar National Museum: Der ehemalige, renovierte Sitz des Emirs von 1912, samt kleinem botanischen Garten an der südlichen Corniche gelegen, dokumentiert Qatars Geschichte. Im Mittelpunkt stehen neben Schmuck- und Münzexponaten beduinische Kultur, Leben in der Wüste, Geschichte des Erdöls. Der Museumsneubau mit drei Etagen legt einen Schwerpunkt auf Geologie, Architektur, Seefahrt.
Die museumseigene Lagune zeigt traditionell gebaute Dhaus, Geschichte und Techniken des Perlentauchens; die Erdölabteilung ist veraltet (Sa–Do 9–12 und 16–19 Uhr).
Doha Fort/Al Kout Handicraft Center: Gegen 1880 im maurischen Stil erbaut, 1978 renoviert, der Innenhof bestimmt von einem Brunnen – so hat man im Herzen Dohas dem Handwerk der Weber, Schnitzkünstler, Goldschmiede und Seilmacher ein Denkmal gesetzt (So–Fr 9–12 und 15–18 Uhr).
Doha Ethnographic Museum & Windtower House: Eine kleine Reise in die Vergangenheit vor dem Ölboom – eines von den letzten Häusern, die mittels Windturm gekühlt wurden; dabei wird künstlicher Zug erzeugt, der kühlt und erfrischt (im Neuen Souk, Öffnungszeiten unter Tel. 436008).
Al Addin's Kingdom: Spaß für die Familie mit Riesenrad, Achterbahn, Scooter am nördlichen Stadtrand Dohas (Mo und Mi Eintritt nur für Frauen und Kinder).

Essen/Ausgehen: Alkohol ist in Qatar nur sehr schwer zu bekommen, womit es auch kaum prickelndes Nightlife gibt. Man trifft sich eher zu Lunch und ausgedehntem Dinner, kann aber auch auf der Straße Shawerma, das arabische Gyros, oder indische Snacks aus der Hand essen.
Im »Al Banuche« (»Marriott Doha«, Tel. 4298888) gibt es täglich wechselnde internationale Buffets; das »Al Shaheen« (»Sheraton Doha«, Tel. 4854444) ist schon des spektakulären Ausblicks wegen einen – allerdings teuren – Besuch wert; serviert wird hauptsächlich Fisch nach Art der Region.
Französische und mediterrane Küche serviert man im »Maxim« (»Ramada Hotel«, Tel. 4417417), das eine beachtliche Weinliste führt. Eine Mischung aus Coffee Shop und Restaurant ist »La Brasserie« (Tel. 4435222) im »Mercure Grand Hotel«, beliebter Frühstückstreff auch für Nicht-Hotelgäste.
Keine Stadt ohne Italiener – in Doha ist es »La Taverna« (»Oasis Hotel and Beach Club«, Tel. 4424424), wo man Pizza und Pasta ordert. Um die wenigen Hotel-Bars mit Alkoholausschank besuchen zu können, muss man Hotelgast oder Mitglied (»members only«) sein; es wird gründlich kontrolliert.

Einkaufen: Außer auf den genannten Souks: New Trade Gallery – Gucci, Versace, Chanel & Co. betreiben ihre Boutiquen in der Mall im City Center.

Ausflüge: Al-Jassasiya: Am Wochenende ist die Gegend um den Jebel Jassasiya wegen seiner schönen Strände ein beliebtes Ausflugsziel.
Al-Khor: 60 km nördlich von Doha liegt an der Ostküste dieses kleine Fischerdorf, einst die Perlenhauptstadt; die Strände außerhalb, etwa bei Dahira, Fuwairat und Ghaniyah, sind sehr schön und wenig besucht.
Al-Wakrah: Auf halbem Weg zwischen Doha und Umm Said findet man dieses alte Fischerdorf.
Al-Zubara: Ein mit dicken Mauern und Rundtürmen bewehrtes Grenzpolizei-Fort, 70 km nördlich von Doha, ist die örtliche Attraktion; der Ort, als ehemalige Hauptstadt und Perlenzentrum einer der wichtigsten Plätze des Landes, gehörte lange zu Bahrain, bis Qatars Herrscherfamilie den Ort einnahm.
Den Ausflug zum Zoo an der Dokhan Rd., im Westen Dohas, setzt man fort Richtung Al Shahaniya, wo sich eine der größten Zuchtfarmen für arabische Oryx-Antilopen findet.
Umm Salal Mohammed, im Norden Dohas, hat eine Festung aus dem 19. Jh. Umm Salal Ali, ebenfalls im Norden, lohnt einen Abstecher wegen der vorislamischen Stein-Rundgräber.
Doha Golf Club: Der Austragungsort des PGA Qatar Masters ist ein herrlicher 18-Loch-Platz (Par 72) mit Palmen, künstlichen Teichen und einem Clubhaus in arabischem Stil.

Information: Geschäftsleute bekommen Infos bei der Qatar Chamber of Commerce and Industry, P. O. Box 402, Doha, Qatar, Tel. 4559111, Fax 4661693, www.qcci.org. Einige nützliche Informationen bietet auch die offizielle State of Qatar Homepage: www.experienceqatar.com.

Aufzuchtstation für arabische Oryx-Antilopen in Shahaniya

Restaurierter Wachturm der Zubara-Festung, 70 Kilometer nördlich von Doha

Vollmond über Halbmond-Minarett in Doha

Bis zur Pubertät sind alle Mädchen in Arabien unverschleiert

Der Freitag gehört dem Familienpicknick am Strand von Fuwairat

Mit der Festung Zubara beginnt die neuere Geschichte Qatars. Ende des 18. Jahrhunderts erschlossen aus Kuwait zugewanderte Araber die Küste für die Perlentaucherei. Die Festung Zubara diente als Bollwerk gegen eventuelle Angreifer. Deshalb statteten sie das vor wenigen Jahren restaurierte Bauwerk mit dicken Lehmmauern, starken Befestigungstürmen und Kanonen aus.

Picknick in ar-Ruwais ganz im Norden

Das schwarze Gold vom Golf

Erdöl

Was macht ein Sheikh ohne Öl? Zugespitzt formuliert, ist das die Frage aller Fragen in den Golfstaaten Arabiens. Denn die Prognosen verhärten sich immer deutlicher zu der Tatsache, dass kaum eines der Länder am Golf in der zweiten Hälfte des 21. Jahrhunderts noch über nennenswerte Erdölvorkommen und entsprechende Petrodollar-Einnahmen verfügen wird.

Damit stehen den Fürsten am Golf, bisher eher von finanzieller Hybris geplagt, schwierige Zeiten bevor. Denn die wirtschaftlichen Rahmenbedingungen in ihren Ländern sind ungünstig: Die Region ist schwach industrialisiert, die Geburtenraten sind hoch, und die Einnahmen aus dem Ölverkauf sind wegen der Preisschwankungen ungewiss.

Bahrain war am Persischen Golf das erste Land, in dem 1932 Erdöl gefunden wurde. Das bedeutete die Rettung für den kleinen Staat. Denn die Japaner hatten mit der Entwicklung der Zuchtperle den Jahrhunderte währenden Handel mit naturechten, von Menschen ertauchten Perlen, die Haupteinnahmequelle Bahrains und anderer Scheichtümer am Golf, schlagartig vom Weltmarkt eliminiert.

Das schwarze Gold sollte fortan die Perle ersetzen, aber um ein Vielfaches einträglicher – eine Erfolgsstory sondergleichen, lange Zeit aber auch eine Geschichte vom Versuch des Okzidents, nach Kolonialherrenmanier den Orient auszubeuten. Das Monopol im Ölgeschäft sicherten sich seit den Anfängen Ölkonzerne wie Exxon, Shell, Mobil, BP, Texaco, Gulf und Chevron, welche die exklusiven Konzessionen für Exploration, Förderung und Export besaßen.

Die USA und Europa entsandten hoch spezialisierte Fachkräfte, und die Eigentümer des Öls mussten sich mit Aushilfs-

Ölarbeiter bereiten in Sur im Süden des Oman Bohrungen vor

arbeiten begnügen. Erst zu Beginn der 1960er-Jahre veränderte sich die Situation grundlegend. Mehr Einheimische wurden in qualifizierten Positionen eingesetzt. Die Förderländer Algerien, Ecuador, Gabun, Indonesien, Irak, Iran, Qatar, Kuwait, Libyen, Nigeria, Saudi-Arabien, Venezuela und Vereinigte Arabische Emirate schlossen sich zur Opec, der »Organization of the Petroleum Exporting Countries«, heute mit Sitz in Wien, zusammen, 1960 eine Schutzgemeinschaft gegen die mächtigen Ölkonzerne, mit denen Fördermengen und feste Rohölpreise ausgehandelt wurden.

1969 gründeten die arabischen Ölförderländer zusätzlich die Oapec, die »Organization of the Arab Petroleum Exporting Countries«. Zur autonomen Preisfestsetzung kam es Anfang der 1970er-Jahre, als sich die Ölkonzerne weigern wollten, den Förderländern für ihr eigenes Öl höhere Listenpreise und einen höheren Inflationsausgleich zu gewähren.

Die Entdeckung des Öls als politische Waffe, auch ein Resultat des Rückzugs der Briten als Kolonialmacht vom Golf, fiel in das Jahr 1973. Die Oapec, allen voran Saudi-Arabien, verhängten über die westlichen Industrieländer einen Öl-Boykott, der sie zwingen sollte, sich im Jom-Kippur-Krieg (Oktoberkrieg) zwischen Israel, Ägypten und Syrien auf die arabische Seite zu stellen.

Der Preis für einen Barrel Öl (159 Liter) schnellte von zwei auf 30 Dollar hoch. Der Westen konnte kurzfristig auf den Öl-Schock nur mit Sparmaßnahmen reagieren: Sonntags-Fahrverbote, Benzin-Rationierungen und Tempolimits. Langfristig war der Boykott die Initialzündung, Energie sparende Techniken zu entwickeln. Die Förderung der unberechenbaren Atomkraft ist auch ein Kind jener Zeit. Einen Automotor, der im Stadtverkehr keine neun oder zehn Liter mehr brauchen würde, hielt man 1973 für Utopie. Der nächste Ölschock kam 1979, als die Opec-Länder eine Quotierung ihrer Fördermengen beschlossen, um ihre Reserven zu strecken.

Die Einnahmen der wichtigsten arabischen Ölstaaten waren in den Jahren von 1973 bis 1978 beträchtlich gestiegen.

Überschüssiges Erdöl muss abgefackelt werden

Von riesigen Plattformen aus werden Bohrmeißel kilometertief in die Erde getrieben

mesorientiert, kommt in den Genuss von Schulen und Universitäten, kostenloser medizinischer Versorgung, Renten, Steuerfreiheit – sozialverträgliches »profit sharing«, wenn man so will.

In atemberaubendem Tempo verwandelten sich durch den Segen des Erdöls Wüstenstriche in boomende Wirtschaften. Im Sauseschritt musste der Anschluss an die Moderne bewerkstelligt werden. Damit einher ging ein gesellschaftlicher Wandel. Das schnelle Wirtschaftswachstum verlangte nach Arbeitskräften, mehr als man selbst aufbieten konnte. Gastarbeiter aus Ägypten, Syrien, Libanon, den Philippinen und Indien wurden angeheuert, brachten neuen Lebensstil und ihren Glauben mit, und man ließ sie gewähren, egal ob Christen, Hindus oder Moslems. Dubai mit 85 Prozent Ausländeranteil hat das extremste Zahlenverhältnis von Ausländern zu Einheimischen.

Der Staat als Petroleum AG mit den Untertanen als stille Teilhaber hat heute schon beinahe ausgedient. Bahrains Öl- und Erdgasfelder sind so gut wie ausge-

Saudi-Arabien lag allen voran mit einer Steigerung von 4,35 Milliarden US-$ auf 36, Kuwait von 1,7 Milliarden US-$ auf 9,2; ähnlich positiv sahen die Saldi für Qatar, Abu Dhabi und Dubai aus.

Erdöl ist ein Rohstoff, der natürlich gelagert und aus tierischen und pflanzlichen Organismen entstanden ist. Das schwarze Gold hat sich in porösen Kalk- oder Sandsteinschichten angesammelt und liegt in der Erde. Es ist ein Gemisch aus Schwefel, Kohlenstoff, Wasserstoff, Sauerstoff und Stickstoff, dessen Farbe von hell bis schwarzgrün variiert und das dünn- oder dickflüssig sein kann.

Für Erdölbohrungen wird häufig das Drehbohr- oder Rotary-Verfahren angewendet, das heißt: Gebohrt wird stufenweise, zum Teil bis in 10 000 Meter Tiefe, wobei der Durchmesser des Bohrlochs am Anfang 76 Zentimeter und am Ende rund 15 Zentimeter beträgt. Eine Bohranlage, egal ob für Landbohrungen oder auf hoher See, besteht aus einem etwa 40 Meter hohen Stahlgerüstturm mit Flaschenzug, an dem das Bohrgestänge festgemacht ist.

Dabei unterscheiden die Ingenieure zwischen drei unterschiedlichen Fördermethoden. Bei der Primärförderung gelangt das Erdöl durch den hohen Lagerstättendruck an die Oberfläche. Bei der Sekundärförderung wird Wasser in dafür vorgesehene Bohrlöcher gefüllt, das Öl treibt nach oben. Bei der tertiären Förderung wird heißer Dampf zugeführt, der das Öl dünnflüssig macht, damit es abgepumpt werden kann. Die Einteilung des Erdöls in Qualitätsstufen und täglich taxierte Weltmarkt-Handelspreise ist eine Wissenschaft, die der Lektüre des Aktienteils einer Wirtschaftszeitung in nichts nachsteht.

Erdöl bescherte den Golfstaaten über die vergangenen Jahrzehnte unermesslichen Reichtum, personifiziert in spendablen Ölsheikhs, die sich märchenhafte Paläste bauen ließen, beim Shopping in der Alten Welt ganze Konzerne so mühelos erwerben konnten wie Rolex-Uhren. Mit diesem Klischee tut man der Leistungen, welche die Fürsten vom Golf für ihre Länder erbrachten, aber keinesfalls Genüge.

Mit den satten Gewinnen aus dem Erdölgeschäft richteten – ein auch andernorts belegbares Beispiel – die VAE einen großzügigen und für Arabien vorbildhaften Sozialstaat ein. Die Bevölkerung, in der Struktur vielfach beduinisch stam-

Bohrplattform auf dem Weg zum Ölfeld im Golf von Dubai

plündert. Die anderen Golfstaaten setzen ihre Hoffnungen noch auf Erdgasreserven, soweit vorhanden. 22 Prozent des Weltmarktanteiles sind nach Schätzungen nicht abgebaut.

Die Sultane, Emire und Sheikhs haben die Zukunft ihrer Länder geplant: Handel, Tourismus und Banking sollen die Einnahmen aus dem Erdöl, schon bevor es versiegt sein wird, zu marginalen Haushaltsposten schrumpfen lassen. Globalisierung ist auch hier das Zauberwort auf der Suche nach Joint-Ventures und ausländischem Kapital, um das anzulocken, man zurzeit das attraktive Umfeld schafft.

Das Feuer der Bohrtürme erhellt die Nacht

Das blaue Gold des Orients

Wasser

In Dörfern quer durch den Orient und selbst in den Souks großer Städte stehen mit Wasser gefüllte Tonkrüge bereit, jedermanns Durst zu löschen. Kostenlos. Ein altes Zeichen arabischer Gastfreundschaft. Kaum eines der großen Hotels am Golf verzichtet auf den Brunnen im Foyer oder, die neuere Variante, man begrüßt den Reisenden mit Wasserkaskaden und computergesteuerten Fontänen. Wasser in Hülle und Fülle – ein Zei-

Kontrollstand einer Entsalzungsanlage in Muscat

chen von Luxus, das Plätschern des Wassers als Melodie des Wohlstands. Alles schön und fotogen, aber die verschwenderische Fülle ist ein Trugbild.
Während sich Europa um die Qualität der verschmutzten, aber reichlich vorhandenen Wasservorräte sorgt, gehört die Arabische Halbinsel mit Teilen Afrikas zu den wasserärmsten bewohnten Regionen der Welt. Von Mai bis Oktober fällt nicht ein Tropfen Regen. Kaum anders sieht es im übrigen Nahen Osten aus. Der ehemalige UN-Generalsekretär Butros Ghali, als er noch ägyptischer Minister war, prognostizierte, dass sich die Konflikte und Kriege des 21. Jahrhunderts ums Wasser drehen werden. Die Münchener Nahostexperten Michael Wolfssohn und Stefan Meining schreiben in

ihrem Buch »Blut für Wasser«: »Das ›Blaue Gold‹ wird ... das Öl als wichtigste Ressource der Region endgültig ablösen und einen Flächenbrand in den durstigen Staaten auslösen.« Bei einer Wasserkonferenz in Jordanien sagte der Vizepräsident des »World Water Council«, Aly Shady, bei der Wassernot im Nahen Osten handle es sich nicht mehr um eine Krise, sondern längst um eine Angelegenheit auf Leben und Tod.
Ein Blick in die bevölkerungsdichten Regionen des Orients genügt: Ägypten lebt und stirbt mit dem Nil, ebenso wie die südlichen Nil-Anrainer bis zum Ursprung am Viktoriasee, von deren vertraglich festgeschriebenen Wasserentnahmen Ägypten abhängt. Im israelisch-palästinensischen Friedensprozess spielt die Verteilung der Wasserressourcen des Jordanbeckens eine zentrale, den gesamten Nahen Osten betreffende Rolle. »Die Prognose«, heißt es in einem Bericht des Wissenschaftlichen Beirates der deutschen Bundesregierung, »zeigt, dass die (globale) Gesamtwasserentnahme für die Landwirtschaft von 1995 bis 2025 um 18 Prozent steigen wird. Trotz dieser Zunahme sinkt der Anteil der landwirtschaftlichen Wasserentnahme an der globalen Gesamtentnahme auf 56 Prozent und liegt damit 19 Prozent niedriger als 1995. Ursache dafür ist die Wasserentnahme durch die Industrie, die sich bis 2025 verdreifachen wird und damit wesentlich stärker als die Bevölkerungszahl steigt. Die Wasserentnahme durch die Haushalte wird vor allem in Afrika und Asien stark zunehmen.«
Kuwait ist seit dem Golfkrieg völlig auf Meerwasserentsalzungsanlagen angewiesen. Es baute einige der modernsten Anlagen der Welt. Noch über Dekaden wird das Land an den Spätfolgen der bisher folgenreichsten Form von Öko-Terrorismus leiden. 700 Ölquellen gingen in Flammen auf, die irakische Truppen beim

Abzug aus Kuwait auf Anordnung ihres Präsidenten Saddam Hussein in Brand gesteckt hatten. 60 Millionen Barrel Öl flossen ungehindert in die Wüste. Zwar konnte das Öl abgebaut und zum Großteil durch eigens dafür entwickelte Verfahren sogar vom Sand getrennt und verarbeitet werden. Doch fünf Prozent des Öls versickerten unaufhaltsam im Wüstensand und verseuchten lebenswichtige

Pumpwerk zur Desalinierung

Grundwasserreservoirs, ehe die Böden von Baggern abgetragen werden konnten. Die unterirdischen Reservoirs wieder genießbar zu machen, dafür ist bis heute keine Lösung gefunden worden. Nach dem Golfkrieg fühlten sich die Kuwaitis wie ein im Meer treibender Schiffbrüchiger, der verdurstet. Mit Tankern musste Trinkwasser importiert werden. Im arabischen Raum fehlen nach Schätzungen jährlich etwa 30 Milliarden Kubikmeter Wasser. Tendenz steigend: Denn das explosionsartige Bevölkerungswachstum, im Oman über vier Prozent jährlich, treibt bei steigender Wasserverschwendung den Bedarf zusätzlich in die Höhe. Meerwasserentsalzungsanlagen decken mehr als die Hälfte des Wasserbedarfes in Abu Dhabi. Die 2,5 Millionen Einwoh-

Wie in Doha, der Hauptstadt von Qatar, müssen die Grünanlagen überall täglich bewässert werden

ner der Hauptstadt der Vereinigten Arabischen Emirate verbrauchen pro Kopf täglich rund 400 Liter Wasser und sind damit weltweiter Spitzenreiter. Die Entsalzungsanlage produziert täglich 346 000 Kubikmeter. Damit bewässert Abu Dhabi 85 Prozent seiner Grünanlagen. Es gilt mit seinen über drei Millionen Palmen, mit Parks, zahlreichen Blumenrabatten in der gesamten Metropole und begrünten Wüstenhighways als die Gartenstadt des Golfs. Gleichzeitig rufen die Zeitungen im Winter, wenn der Regen ausbleibt, zu speziellen landesweiten Regengebeten in den Moscheen auf, mahnen die Herrscher ihre Untertanen eindringlich, Wasser zu sparen.

Die Verschwendung von Wasser einerseits und die hohen Betriebskosten der Entsalzungsanlagen andererseits rechnet man in Abu Dhabi mit den Einsparungen im Energiesektor auf. Die leistungsstarken Turbinen der Anlagen erzeugen als Nebenprodukt bei der Verdampfung des Wassers (siehe weiter unten) 48 Prozent des in dem Emirat verbrauchten Stroms. Eine zweifelhafte Kalkulation, Ökologie mit Ökonomie zu verrechnen.

Unter Wissenschaftlern ist die Entsalzungsmethode ohnehin umstritten. Zudem ist das Verfahren extrem teuer: Die Entsalzung eines Kubikmeters Meerwasser kostet etwa einen Dollar. Acht Liter Meerwasser sind nötig, um einen Liter Trinkwasser herzustellen. Oder anders gerechnet: Aus einem Liter Meerwasser gewinnt man gerade ein Achtel Liter Wasser. Allein in den Emiraten stieg der Verbrauch desalinierten Wassers zwischen 1973 und 1999 von sieben Millionen auf 698 Millionen Kubikmeter.

Zayed the First Street in Abu Dhabi: Parks gehören zum urbanen Prestige

Das herkömmliche Entsalzungs-Verfahren funktioniert so: Das in Unterdruckkammern gepumpte Wasser wird bis zum Siedepunkt erhitzt. Es verdampft und wird abgeleitet. Das destillierte Frischwasser wird dann mit Mineralien angereichert, während die Salzkristalle ins Meer zurückfließen. Zu den neueren Verfahren zählt die solare Wasserdestillation, bei der reines Wasser ohne schädliche Mineralien, Salze oder Keime zurückbleibt. Eine Pumpe, die mit einem Schwimmerschalter gesteuert wird, bringt die gewünschte Menge Meerwasser über einen Vorspeicher zu einem Destillierkollektor. Dieser führt das Wasser über ein Sickervlies und erwärmt es auf 90 Grad. Dabei verdampfen 50 bis 70 Prozent des Wassers, die wiederum kondensieren. Die restlichen 30 bis 50 Prozent sind Abwasser.

Das alles kostet Unmengen von Geld. Ausgerechnet in Chile gibt es ein Projekt kreativer Wassernutzung. Die Forscher hatten einfach ein altes arabisches Verfahren kopiert, durch das aus Nebel Wasser wird. »Die Olivenbäume in den Wüsten von Oman«, so einer der Forscher in einem Zwischenbericht, »werden seit Jahrhunderten mit Nebelwasser versorgt, das sich an den Blättern sammelt und in kleine Becken tropft, die man am Fuß des Baumes angebracht hat.« Statt der arabischen Olivenbäume stellten die Forscher Netze in einer gebirgigen Wüstengegend mit regelmäßigem Nebel auf. Die aufgefangenen Wassertropfen, bis zu 700 Liter pro Nacht und Netz, gelangten dann über eine Pipeline in Sammelbecken.

Ob die Region jemals dem Land gleichen wird, das Jesaja prophezeite, ist zu bezweifeln: »Auf kahlen Hügeln lasse ich Ströme hervorbrechen und Quellen inmitten der Täler; die Wüste mache ich zu Wasserteichen und zu Wasserquellen das dürre Land. Ich lasse in der Steppe Zedern wachsen, Akazien, Myrten und Oliven.«

Wasser ist Luxus, und Jesaja kannte Saudi-Arabien nicht. Der Wüstenstaat zeigt voller Stolz – Kritiker sagen: auf geradezu perverse Weise –, was man mit dem Luxusgut Wasser auch anstellen kann: Saudi-Arabien war lange einer der wichtigen Weizenproduzenten. Bewässert wurden die Felder mit entsalztem Meerwasser – der Weizen ist in den Produktionskosten teurer, als es jeder importierte Weizen der Welt wäre. Aber dafür ist er »made in the Kingdom Saudi Arabia«.

Automatische Sprinkleranlagen bewässern in Dubai die Rasenflächen und Parks

Gottes Geschenke an Arabien

Falken, Pferde, Kamele

Dubai: Kinderjockeys reiten die Rennkamele

Der Falke bewegt seinen Kopf kurz auf und ab. Hundert Meter von ihm entfernt fliegt ein Hubara der Sonne entgegen, eine Wüstenkragentrappe fast so groß wie ein Reiher. Der Falke nimmt die Verfolgungsjagd auf, erreicht eine Geschwindigkeit von 200 Stundenkilometern, greift den Hubara mit seinen langen scharfen Krallen. Applaus ertönt in der Wüste. Eine Gruppe von Männern in Dishdashas und mit Wickeltüchern auf dem Kopf freut sich.

Falknerei gilt seit Jahrhunderten als *die* Leidenschaft der Edelmänner, ist ein Symbol für Luxus und unterstreicht das adelige Geblüt des Falkners. Der Falkner galt als Autoritätsperson, dargestellt auf Gemälden hoch zu Ross, umgeben von Jagdfreunden und einem Falken, der sich vom Himmel gleitend, geruhsam auf seine ausgestreckte Hand niederlässt. »De arte venandi cum avibus« – über die Kunst mit Vögeln zu jagen, schrieb Friedrich II. in seinem bis heute berühmten Werk über die Falknerei, die unter seiner Herrschaft zu größter Blüte gelangte. In Wappen, auf Münzen und Flaggen Arabiens ist der Falke noch heute eine bevorzugte Abbildung.

Ihren Ursprung hatte die Jagd mit Falken bei den Nomaden in Zentral-Asien, die sich die Raubvögel zur lebensnotwendigen Nahrungsbeschaffung hielten. Die Hethiter waren die Ersten, die ab dem 13. Jahrhundert v. Chr. die Falknerei in ihre Kunst einbrachten. Im 8. Jahrhundert v. Chr. tauchen in Mesopotamien und Assyrien erste Schriften zum Thema Falknerei auf. 416 v. Chr. schreibt ein gewisser Ctesias, Hofarzt des persischen Königs Artexeises II., eine der ersten Abhandlungen über die Kunst der Falknerei, über Jahrhunderte ein Standardwerk.

Das Hauptgebiet der Falknerei liegt heute am Arabischen Golf und reicht bis nach Saudi-Arabien. Längst hat die Haltung von Falken ihren ursprünglichen Sinn, nämlich Jagdhilfe für hungernde Nomaden- und Beduinenstämme, verloren. Die Falknerei ist ein Sport auch der weniger edlen Leute geworden und ist so populär, dass – wie in den Emiraten geschehen – die Hubaras, die Beutetiere der Falken, beinahe ausgerottet waren. In einem mühsamen und mehrere Millionen Dollar teuren Forschungsprojekt bei al-Ain wurden mit Hilfe amerikanischer Wissenschaftler erstmals Hubaras in Gefangenschaft geboren und großgezogen; nach mehreren Jahren konnte der Bestand durch die frei gelassenen Hubaras als einigermaßen gesichert betrachtet werden. Intensiv beschäftigte man sich auch mit dem Falken.

Um einen Falken zu zähmen, wird ihm eine Kappe über Kopf und Augen gestülpt: Nach ein paar Tagen gewöhnt sich der Falke an die Stimmen und Geräusche seiner Umgebung und fasst so behutsam Vertrauen. Zu fressen bekommt er nur so viel, dass er immer hungrig und jagdlustig ist. Dann beginnt der Falkner mit dem Training, gewöhnt den Falken an seinen Arm, den er mit einem dicken Lederhandschuh schützt, nimmt die Kappe ab und lässt ihn kurze Flüge auf Fleischköder, später Lockvögel, machen. Stück für Stück wird der Radius erweitert, in dem der Falke jagt. Zum Ende der Jagd schwingt der Falkner über seinem Kopf das Luder, einen an ein Seil gebundenen Köder, um den Falken auf den Handschuh zurückzulocken.

Zu den edelsten Falken, die 100 000 Dollar und mehr kosten können, zählen Tiere aus Deutschland und Skandinavien, die einheimischen Wanderfalken wurden fast ausgerottet. Das Klimaproblem hat man nach Art der Golfstaaten gelöst: Die heißen Sommer verbringen die Tiere in klimatisierten Käfigen. Im Krankheitsfall gibt es erstklassig ausgestattete Kliniken, wie die Falkenklinik von Dubai. Jeder der gefiederten Patienten hat einen Chip implantiert, auf dem alle Krankendaten, Diagnosen und Operationen gespeichert sind.

Eine andere Leidenschaft der Araber sind Pferde. »Lehre deinen Söhnen die Kunst des Schwimmens, des Scharfschießens und des Reitens«, sagte Omar Ibn Al Khattab, der als zweiter Kalif von 634 bis 644 regierte. Eine Legende erzählt, dass der Vollblutaraber vor Jahrtausenden aus dem Südwind entstand. Er galt den Beduinen als Gefährte bei Raubzügen durch die Wüste, die abhängig waren von der Ausdauer und Regenerationsfähigkeit ihrer Pferde. Erste Darstellungen zeigen das arabische Pferd als stolzes Streitross vor dem Kampfwagen des ägyptischen Pharaos Ramses II.

Im Lauf der Zeit entstanden unterschiedliche Rassen. Das lag an den veränderten Umwelt- und Aufzuchtbedingungen, an dem Zeitgeschmack und den Mode-

Kamele sprinten nicht so schnell wie Pferde, sind aber ausdauernder

trends verschiedener Länder. Es wurde so viel gekreuzt, so dass man heute unter anderem zwischen russischer, spanischer und ägyptischer Linie unterscheidet.
Der temperamentvolle Araberhengst hat folgende Merkmale: majestätisches Auftreten, tänzelnde Bewegungen und einen schnellen Galopp. Der hoch angesetzte Schweif wird in Erzählungen und

Nur in klimatisierten Räumen überstehen nordeuropäische Edelfalken die heißen Golfsommer

Die Falknerei ist ein Sport geworden

Mythen oft als die »Fahne des Propheten« bezeichnet. Als der Prophet seine Himmelsreise antrat, brachte der Engel Al Buraq mit, ein Ross mit menschlichem Kopf, dem Torso eines Pferdes, glänzendem Pfauenschwanz und weißen Flügeln. Eine Renaissance erlebte der Reitsport in den vergangenen Jahren. Arabische Sheikh-Familien kauften sich in zahlreiche Rennställe und Zuchtfarmen ein; gleichzeitig begann man, einige der höchst dotierten Rennen der Welt aus-

zutragen: 12 Millionen Dollar Preisgelder gibt es allein beim jährlichen Dubai Cup. Zu den merkwürdigsten Wettbewerben gehören die Ausdauerrennen zwischen Kamel und Pferd durch die Wüste. Als Sieger geht immer das Kamel hervor. Im Sprint nicht so schnell wie das Pferd, ist es ausdauernder. Fühlt sich ein Kamel erschöpft, dann bleibt es stehen, während sich Pferde zu Tode hetzen lassen. Eine Strecke von acht Kilometern legen die Rennkamele in 13 Minuten zurück. Die teuren Kamele, zwei Millionen Dollar und mehr wert, reisen zu den großen Wettkämpfen in Bahrain, Kuwait und Qatar in eigens für den Kameltransport ausgebauten Flugzeugen.
»Die Tradition des Kamelrennens«, erklärt Sheikh Mohamed al Mur, ein Dubaier Immobilien-Investor und Liebhaber von Kamelrennen, »geht Hunderte von Jahren zurück. Der Reichtum der Menschen wurde danach bemessen, wie viele Kamele man besessen hat und wie viele Schafe. Das Kamel ist in der Wüste, bei Leuten, die ständig umherziehen, dein bester Freund. Das Kamel ist ein heiliges Tier. Es diente zum Reisen. Das Fleisch

wurde gegessen und die Milch getrunken. Kamel bedeutet Leben.«
Nach den großen Rennen wird das Siegerkamel, eine uralte Tradition, mit Safran eingerieben. Doch die Rennen sind nicht nur Touristenattraktion. Das Kamel habe, so der Sheikh, auch eine soziale Funktion. »Erfährt ein Sheikh, dass ein anderer Sheikh in Geldnöten ist, kann er ihm natürlich kein Geld direkt anbieten. Aber er kann eines seiner Rennkamele kaufen, und der Verkäufer kommt ohne Gesichtsverlust zu Barem.«
Archäologische Funde auf der Insel Umm an-Nar belegten, dass Kamele schon vor 4000 Jahren als Transportmittel dienten, den internationalen Warenverkehr im großen Stil, wie auf der Weihrauchstraße, überhaupt erst möglich machten. Kamele wurden zum Selbstverzehr geschlachtet. Die Wolle nutzte man zum Flechten von Teppichen, Zelten und Kleidung, aus den Häuten nähte man Wassercontainer. Das beduinische Liedgut ist voller Oden an die Kamele. Die Beduinen nennen die Kamele, einer von weit über Hundert Namen, »Ata Alla«, übersetzt heißt das Geschenk Gottes. Ihnen war das Kamel Währung – und damit auch Brautgeld –, gilt aber auch als Inbegriff der Schönheit. Um kranke und verletzte Tiere besser behandeln zu können, gibt es eigene Kamel-Kliniken, die so modern eingerichtet sind wie europäische Unikliniken.
In den Hospitälern werden die Kamele in Swimmingpools für die physio-therapeutische Behandlung zum Schwimmen geschickt, überdehnte Sehnen geschient, gebrochene Läufe gegipst, Myome operiert, Mägen kuriert. Nur das Beste ist gut genug für die Privatpatienten mit vier Beinen und einem Höcker.

Rennkamele trainieren nach Aufbauplänen aus der Kamelklinik

Allgemeine Reise-Informationen

Die Geografen fassen Bahrain, Kuwait, Oman, Qatar und die Vereinigten Arabischen Emirate (VAE) unter dem Begriff »kleine Golfstaaten« zusammen. Sie bedecken zusammen eine Fläche von 422 000 qkm und beherbergen insgesamt ca. 7,9 Mio. Einwohner. Die »großen Golfstaaten« Iran, Irak und Saudi-Arabien nehmen dagegen eine Fläche von 4,3 Mio. qkm ein. Alle Länder bekennen sich zum Islam und verdanken dem Erdöl den Sprung vom Mittelalter in die Neuzeit. Das Pro-Kopf-Einkommen entspricht bis auf den Omans etwa westeuropäischem Standard. In allen Ländern sind zahlreiche Gastarbeiter beschäftigt.

Bahrain: Das 706 qkm große Land besteht aus einer Gruppe von 33 Inseln. In dem konstitutionellen Emirat leben etwa 640 000 Menschen. Die Ölvorräte sind gering und nahezu aufgebraucht, deshalb hat das Land schon vor Jahren andere Sektoren erschlossen und sich durch Off-Shore Banking zum internationalen Finanzzentrum entwickelt. Staatsoberhaupt: Hamad bin Isa al Khalifa, Regierungschef: Khalifa bin Salman al Khalifa.

Kuwait: Der 17 800 qkm große Staat (1,8 Mio. Einw.) besteht überwiegend aus flachem Wüstenland. Die Narben des Golfkrieges verheilen langsam, Kuwait versucht sich als konstitutionelle Monarchie in ersten Schritten Richtung Demokratisierung, so dürfen Frauen 2003 erstmals wählen. Die Erdölvorkommen sind beträchtlich, die Erlöse aus dem Erdölhandel dominieren Wirtschaft und Staatshaushalt. Staatsoberhaupt: Jabar al Ahmed al Jaber al Sabah, Regierungschef: Saad al Abdullah al Sabah.

Oman: Das Land ist mit einer Fläche von über 309 000 qkm das mit Abstand größte der Region. Die meisten der 2,5 Mio. Einwohner leben in der 30 km

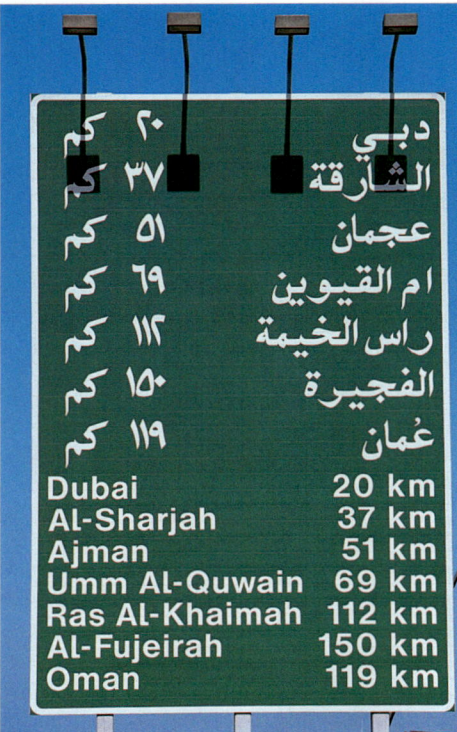
Verkehrsschilder sind meist zweisprachig

Dubai	20 km
Al-Sharjah	37 km
Ajman	51 km
Umm Al-Quwain	69 km
Ras Al-Khaimah	112 km
Al-Fujeirah	150 km
Oman	119 km

schmalen Küstenzone. Die Erdölvorkommen liegen in der 600 km breiten Wüstenzone im Westen, die Fördermengen sind in dem ärmsten Land der Region jedoch vergleichsweise gering. Der Oman ist eine absolute Monarchie, Sultan Qaboos Staatsoberhaupt und Regierungschef, Verteidigungs- und Finanzminister. Das Sultanat ist für seine engagierte Friedenspolitik in der Golfregion über den arabischen Raum hinaus bekannt.

Qatar: Das 11 430 qkm große Land liegt auf einer ausgesprochen kargen und vegetationslosen Halbinsel, auf der etwa 750 000 Menschen leben. Qatar besitzt riesige Erdgasvorkommen. Dennoch wurde für die »Nacherdölzeit« ein Industrieprogramm initiiert, das recht erfolg-

reich ist und das Land in eine industrielle Zukunft führen soll. Als einziger »kleiner Golfstaat« verfügt Qatar, ebenfalls eine absolute Monarchie, über freie, unabhängige Medien. Staatsoberhaupt: Hamad Bin Khalifa al Thani, Regierungschef: Abdallah Bin Khalifa al Thani.

VAE: Die Vereinigten Arabischen Emirate sind ein Zusammenschluss der sieben Emirate Abu Dhabi, Dubai, Sharjah, Fujairah, Ras al-Khaimah, Ajman und Umm al-Qaiwain. Auf einer Fläche von 83 600 qkm, hauptsächlich flaches Wüstenland, leben 2,4 Mio Menschen. Hauptwirtschaftszweig ist die Öl- und Gasproduktion, obwohl in den letzten Jahren die ölunabhängige industrielle Produktion ausgeweitet wurde. Wirtschaftlich bedeutend sind v. a. Abu Dhabi (Öl) und Dubai (zudem Handel und Banken).

Die Regierung der VAE besteht aus dem Rat der Herrscher der sieben Teilemirate. Staatsoberhaupt ist immer der Emir von Abu Dhabi, zzt. Khalifa bin Zayed al Nahyan; der Regierungschef kommt grundsätzlich aus Dubai, zzt. Maktoum bin Rashid al-Maktoum.

Adressen

Diplomatische Vertretungen in Deutschland: *Botschaft Bahrain:* Klingelhöfer Straße 7, 10785 Berlin, Tel. 030-86877777, Fax 030-86877788; *Botschaft Kuwait:* Griegstraße 5–7, 14193 Berlin, Tel. 030-8973000, Fax 030-89730010; *Botschaft Oman:* Clayallee 82, 14195 Berlin, Tel. 030-84416970, Fax 030-81005199; Honorar-Generalkonsulat: Feuerbachstraße 26–32, 60325 Frankfurt/Main, Tel. 069-1700790, Fax 069-170079125; *Botschaft Qatar:* Brunnenallee 6, 53177 Bonn, Tel. 0228-957520, Fax 0228-9575255; Konsu-

	REISEKASTEN ARABIEN										
Flug von Deutschland	Inlandsverkehr	Reisepapiere	Devisen	Mietwagen	Benzin	Hotel	Einf. Hotel	Menü	Einfaches Essen	Ortszeit	Ausflug
ab 450 € (je nach Saison)	Bus Muscat–Salala: 31 €	Visum, Reisepass (mindestens 6 Monate gültig)	1 € = 0,46 BHD 4,45 QAR 4,50 AED 0,47 OMR	ab 400 € pro Woche	1 Liter kostet 0,30 €	4-/5-Sterne/DZ: ab 140 €	DZ ab 45 €	ab 20–25 € pro Person (ohne Getränke)	Imbiss, Fastfood ab ca. 4 €	Oman, VAE: MEZ +3 Std. MESZ +2 Std.	Exkursion in die Wüste: ab ca. 55 €

larabteilung: Hagenstraße 56, 14193 Berlin, Tel. 030-8978430; *Botschaft Vereinigte Arabische Emirate (VAE):* Hiroshimastr. 18–20, 10785 Berlin, Tel. 030-516516, Fax 030-51651900; Generalkonsulat: Ismaninger Straße 21, 81675 München, Tel. 089-419770, Fax 089-41977177.
Diplomatische Vertretungen der Bundesrepublik: *Bahrain:* Al-Hassan Building, Hamad Causeway St., 1. Stock, nahe Beit Al Quran, Manama, Bahrain, Tel. 00973-17530210, Fax 17536282.
Kuwait: Bahaya Distrikt, St. 14, Block 1, Villa 13, Seitenstraße von Abdullah Al-Salem, Kuwait, Tel. 00965-2520857, Fax 2520763.
Oman: nahe dem Al-Nahdha-Hospital, Al-Nahdha-Straße, Stadtteil Ruwi, Muscat, Tel. 00968-24832482, Fax 24835690.
Qatar: Nr. 6 Al-Jazira-Al-Arabeya-St., Fareej Kholaib Area, hinter der Universitätsbibliothek, Tel. 00974-4876959, Fax 4876949.
VAE: Al-Nahyan-St., Al Manasir, P. O. Box 2591, Abu Dhabi, Dhabi Tower, 4. Stock, Tel. 00971-2-64435630, Fax 64435625. Generalkonsulat der Bundesrepublik Deutschland, P. O. Box 2247, Dubai, World Trade Center, Tel. 00971-4-3972333, Fax 3972225.

Anreise, Einreise

Alle internationalen Fluggesellschaften bieten tägliche Flüge in die Golfstaaten. Umgekehrt bedienen die Golfländer regelmäßig alle europäischen Zentren.
Für die Einreise in die Golfstaaten benötigen Deutsche, Schweizer und Österreicher ein Visum und einen am Einreisetag mindestens noch sechs Monate gültigen Pass. Die Regelungen im Überblick:
Bahrain stellt ein zweiwöchiges Visum am Flughafen aus, eine Verlängerung von zwei Wochen ist mit Unterschrift eines örtlichen Sponsors (z.B. Hotel) vor Ort möglich. *Kuwait* stellt für maximal einen Monat das Visum am Flughafen aus; die Vorlage von Rückflugticket, Hotelbuchung oder Einladung wird erwartet.
Oman stellt an allen Grenzen einmonatige Visa aus, die um einen Monat verlängert werden können.
Qatar erteilt bei der Einreise ein Visum. Es gilt 14 Tage, kann um weitere 14 Tage verlängert werden.
Die *VAE* gewähren bei der Einreise ein 30 Tage gültiges Visum, das um maximal 30 Tage verlängert werden kann.

Antragsformulare und detaillierte Informationen über die Einreisebedingungen sind bei den Botschaften erhältlich (siehe »Adressen«). Der Pass darf keine Sichtvermerke Israels enthalten, auch keine Stempel von Grenzübergängen, die nach Israel führen (z. B. Taba oder Gaza/Rafat). Wiedereinreise-Visa »multiple entry« werden in der Regel nicht ausgestellt (Ausnahmen sind möglich).
In *Bahrain* ist die Einfuhr von 2 l Alkohol Nicht-Muslimen zum Eigenkonsum erlaubt, dazu 400 Zigaretten oder 50 Zigarren oder 250 g Tabak und 227 ml Parfüm. Touristen im Besitz von Videos müssen damit rechnen, dass die Videos vom Zoll begutachtet werden.
In *Kuwait* ist die Einfuhr von Alkohol verboten. Es herrschen strenge Kontrollen. Dagegen ist die Einfuhr von 500 Zigaretten oder 50 Zigarren oder einem halben Kilo Tabak erlaubt.
Nicht-Muslime dürfen in den *Oman* nur am Flughafen Seeb eine Flasche Alkohol einführen. Auf dem Land und Seeweg ist die Alkohol-Einfuhr verboten. Bespielte Videokassetten werden mitunter tagelang geprüft und einbehalten. Erlaubt ist eine »angemessene Menge« Tabak.
In *Qatar* ist die Einfuhr von Alkohol und Schweinefleisch untersagt. Der Einfuhr von Tabak sind keine Grenzen gesetzt. 2000 Zigaretten oder 400 Zigarren oder 2 kg losen Tabak erlauben die *VAE*. Nicht-Muslimen ist die Einfuhr von 2 l Wein und 2 l Spirituosen erlaubt. Am Flughafen Sharjah ist die Alkohol-Einfuhr verboten.
Die Beamten an allen Flughäfen der Golfländer beschlagnahmen oder reißen Seiten aus Büchern, Zeitungen und Magazinen heraus, die pornografische Darstellungen (es genügt der entblößte Busen) enthalten. Manchmal fallen dabei sogar Titelblätter seriöser Magazine den Grenzbeamten zum Opfer.
Die Ausfuhr von Fossilien, Korallen, archäologischen Fundstücken und historischen Kulturgütern ist nicht gestattet. Die Ausfuhr von herkömmlichen Khanjar-Dolchen aus dem Oman ist problemlos.

Elektrizität

In Bahrain und Qatar 220/230 V. Kuwait und Oman 220/240 V. In Abu Dhabi, der Hauptstadt der VAE, 220/240 V, in den nördlichen Emiraten 220/240 V. Für Steckdosen, die es in diversen Formaten gibt,

Beliebtes Souvenir: Khanjar-Dolche

meist sind es dreipolige britische Stecker, bekommt man überall die handelsüblichen Adaptersätze, mit denen auch alle Hotels ihre Gäste versorgen.

Essen und Trinken

Byriami heißt das Nationalgericht der Golfstaatler. Byriami ist gekochtes Huhn, Hammel oder Fisch serviert in einer Schale mit mild gewürztem Reis nach indischer Art. Den Essensmarkt haben Inder, Pakistaner und Fast-Food-Ketten erobert. Arabische Nouvelle Cuisine sucht man von Kuwait bis Oman vergebens. Kabsa ist die regionale Spezialität, ein ganzes, mit Reis, Gewürzen und Mandeln gefülltes Schaf.
Auch wenn viele Restaurants arabische Küche anpreisen, handelt es sich meist eher um levantinisch-libanesische Spezialitäten wie Mezze. Mezze sind eine Auswahl an Vorspeisen, die in kleinen Schalen mit Fladenbrot (Aiesh Baladi) serviert werden. Weiterhin gibt es Hommos (Kichererbsenmus), Tabuli (Tomaten-Petersilie-Salat) oder frittierte Kibbe (Hackfleischbällchen, gefüllt mit Pinienkernen). Das Hauptgericht ist eher einfach: gegrilltes Huhn, Lamm oder Rind; gut schmeckt Shish Tawouk, ein gegrilltes ausgelöstes Huhn. An fast jeder Straßenecke gibt es Shawerma, Gyros auf Arabisch, entweder mit Lamm- oder Hüh-

nerfleisch. Als Beilage kann man zwischen Foul (Bohnenbrei) oder Taameya (Gemüsefrikadellen) wählen.

Die beliebteste Nachspeise in den Golfstaaten ist Eis. Es gibt zahlreiche lokale, aber auch importierte Sorten. Auf Rang zwei folgen die libanesischen Süßspeisen Baklava, Halwa und andere honigtriefende Kalorienbomben.

Das Nationalgetränk ist Qahwa (Kaffee), der oft mit Datteln oder Früchten angeboten wird und mit Kardamom gewürzt ist. Man bekommt ihn oft zur Begrüßung gereicht; gibt man die Tasse zurück, wird sie erneut aufgefüllt. Erst wenn man sie

des Sultans), in Qatar am 3. September (Nationalfeiertag) und in den VAE am 2. Dezember (Nationalfeiertag). Abu Dhabi feiert außerdem den 6. August, der Tag, an dem Sheikh Zayed den Thron bestieg.

Fotografieren

Für Fotografen bietet sich eine atemberaubend schöne, abwechslungsreiche Landschaft; blühende Oasen, Bergtäler und Schluchten, alte Souks oder Viertel mit Wolkenkratzer-Skylines.

damit, beim Zusammentreffen mit Männern ein paar Worte über den (eventuell fiktiven) Ehemann und die Kinder einfließen zu lassen. Wichtiges Mittel, um Distanz zu halten, ist die Vermeidung von intensivem Augenkontakt. Trotz all dieser Vorsichtsmaßnahmen müssen Frauen damit rechnen, angestarrt, angesprochen oder auch gelegentlich von Männern verfolgt zu werden, was aber am Golf weitaus seltener vorkommt als in Tunesien, Marokko oder Ägypten.

Geld

Bahrain: Der Bahrainische Dinar (BD) ist in 1000 Fils eingeteilt. Im Umlauf sind Banknoten zu 1, 5, 10 und 20 sowie Münzen zu 5, 10, 25, 50 und 100 Fils. Bahrain erlaubt die Einfuhr fremder Währungen in unbegrenzter Höhe. Die günstigsten Kurse bieten die zahlreichen Wechselstuben auf der Government Ave. zwischen Bab al-Bahrain und dem »Delmon Hotel«. Amex, Visa und Diner's Club werden in der Regel akzeptiert.

Kuwait: Die kuwaitische Landeswährung ist der Kuwait Dinar (KD). Nach der irakischen Besatzung hatte die Regierung die alten Geldscheine aus dem Verkehr gezogen und neue Banknoten eingeführt, nicht aber Münzen. In jeder Bank und jeder Wechselstube hängen Poster mit den alten und neuen Banknoten. Der KD unterteilt sich in 1000 Fils. Banknoten gibt es zu 1, 5, 10 und 20. Münzen zu 5, 10, 20, 50 oder 100 Fils. Die Währung unterliegt keinen Aus- und Einfuhrbeschränkungen. Banken und Hotels tauschen Geld um, allerdings zu unverschämt hohen Kursen. Wechselstuben nehmen keine Travellerschecks an. Viele Banken betreiben Geldautomaten, an denen man mit EC- und Kreditkarten Dinar bekommen kann.

Oman: Die Landeswährung ist der Rial Omani (RO), der in 1000 Baiza unterteilt ist. Die Währung unterliegt keinen Ein- bzw. Ausfuhrbeschränkungen, es empfiehlt sich jedoch, erst im Land zu wechseln. Folgende Banknoten sind im Umlauf: 100 und 200 Baiza und 1, 5, 1, 20 und 50 Rial. Münzen gibt es zu 25 und 50 Baiza. Der Wechselkurs ist fest an den US-Dollar gebunden. Den besten Kurs geben die Wechselstuben im Souk von Mutrah, dort werden auch DM/Euro und Travellerschecks angenommen. Inzwischen gibt es in allen größeren Orten

Wie alle anderen islamischen Gotteshäuser ist auch die neue Moschee in Sharjah für Touristen geöffnet

mit einer leicht schüttelnden Handbewegung – immer die Rechte – zurückgibt, wird nicht mehr nachgefüllt.

Feiertage, Festtage

Die muslimischen Feste sind von größter Bedeutung und gelten als offizielle Feiertage. Diese Feiertage richten sich nach dem islamischen Mond-Kalender. Jedes Jahr verschieben sie sich um 11 Tage.

Das dreitägige Bairamfest (das kleine Fest »Aid al-Fitr«) beendet den Fastenmonat Ramadan. Weitere religiöse Feste sind das Opferfest »Aid al-Adha«, das große fünftägige Bairamfest, sowie der Geburtstag des Propheten Mohammed.

Staatliche Feiertage sind der 1. Januar (Neujahr), zusätzlich in Bahrain der 16. Dezember (Nationalfeiertag), in Kuwait der 25. Februar (Nationalfeiertag) und der 26. Februar (Unabhängigkeitstag), im Oman der 18. November (Nationalfeiertag) und der 19. November (Geburtstag

Es ist verboten, Soldaten, Militäranlagen, Polizeigebäude, Polizisten, Häfen und Flughäfen zu fotografieren. Um sich Ärger mit der Polizei oder den Einheimischen zu ersparen, sollten Frauen und Mädchen ebenfalls nicht fotografiert werden. Männer hingegen posieren gern vor der Kamera, trotzdem sollte man erst fragen. Zwei Worte Arabisch genügen: »Mumkin Sura?« Fotomaterial, Batterien und Fotolabors sind leicht zu finden.

Frauen

Wer keine erhöhte und eventuell penetrante Aufmerksamkeit arabischer Männer auf sich ziehen möchte, sollte sich dezent kleiden. Minirock, BH-loses Top und Highheels signalisieren vielen Männern eine leicht zu erlegende Beute – dabei liegen die Toleranzgrenzen im kosmopolitischen Dubai etwas höher als im eher konservativen Kuwait. Frauen ohne männliche Reisebegleitung fahren gut

Geldautomaten, bei denen man mit Euro-Master- oder Visacard sowie EC-Karte mit Maestro-Logo abheben kann. Kreditkarten werden in großen Hotels, bei Autovermietern und in modernen Geschäften akzeptiert. Euroschecks und -karten werden nicht angenommen.

Qatar: Den Qatar Riyal (QR) gibt es zu 100 Dirham. Banknoten findet man zu 1, 5, 10, 50, 100 und 500, Münzen zu 25 und 50 Dirhams. Die Ein- und Ausfuhr von Fremdwährung ist unbeschränkt. In den Wechselstuben tauscht man zu besseren Kursen als in Banken. Travellerschecks werden nicht überall akzeptiert. Dafür gibt es Bankautomaten, die Visa, Diner's Club oder Amex annehmen.

VAE: Die Ein- und Ausfuhr von Devisen/Landeswährung unterliegt in den VAE keinen Beschränkungen. Die Währung ist Dirham (Dh) und besteht aus 100 Fils. Banknoten gibt es zu 5, 10, 50, 100, 200 und 500 Dh.

American Express, Diner's Club, Visa usw. werden allgemein in den Hotels und in großen Geschäften angenommen. Freier Geldwechsel bei Banken, Wechselstuben und in Hotels.

Dubai: Creek unterhalb der Twin Towers

kann. Ämter und Behörden schließen am Donnerstagnachmittag und am Freitag, der dem christlichen Sonntag entspricht. Botschaften sind am Donnerstag und Freitag geschlossen. Geschäftszeiten der Banken: Sa–Mi 8–12 Uhr; Post: Sa–Mi ca. 7.30–14 Uhr, Do bis 11.30 Uhr.

Dhabi, Sharjah, Ajman, Umm al-Qaiwain und Dubai. Wer aus Infektionsgebieten einreist, muss Typhus, Cholera-, Polio- und Tetanus-Impfungen vorweisen.

Weitere Informationen über aktuelle Impfempfehlungen geben die Tropeninstitute in München, Tübingen, Berlin und Hamburg, die gegen eine geringe Gebühr individuelle Impfpläne erstellen: Institut für Infektions- und Tropenmedizin der Universität München, Leopoldstraße 5, 80802 München, Tel. 089-336755 (Tonband Impfauskunft Asien) und Bernhard-Nocht-Straße 74, 20359 Hamburg, Tel. 040-42818800. Außerdem bietet das private Tropenmedizinische Beratungs- und Informationszentrum GmbH (Lobuschstr. 28, 22675 Hamburg, Fax 040-398889-39) individuelle Beratung an.

Die medizinische Versorgung in den einzelnen Ländern ist gut bis ausgezeichnet. Es gibt moderne Krankenhäuser und auch in abgelegenen Gebieten zumindest eine Erste-Hilfe-Station. Die deutschen Botschaften haben üblicherweise eine Liste von Ärzten, die Englisch und/oder Deutsch sprechen, zusammengestellt. Es empfiehlt sich in jedem Fall, eine Reisekrankenversicherung (mit Rücktransport-Versicherung) abzuschließen.

Geschäftszeiten

Die Öffnungszeiten haben sich im Golf dem heißen Wetter angepasst. Gewöhnlich sind die Geschäfte gegen 7.30/8 bis 12/13 Uhr und 16/17–20/21 Uhr geöffnet. Rege Betriebsamkeit herrscht erst abends in den Souks und Shopping Malls, wo man bis ca. 22 Uhr einkaufen

Gesundheit

Der alte Kolonialspruch findet auch heute noch Anwendung: »Peel it, boil it, cook it or forget it.« Im Klartext: Hände weg von ungewaschenem und ungeschältem Obst, rohem Gemüse oder Salat. Auch Eis (Speiseeis/Eiswürfel in Getränken) ist nicht zu empfehlen. Trinken sollte man Mineralwasser nur aus den überall erhältlichen Plastikflaschen, denn die Wasserqualität ist schlecht und nur im Oman trinkbar.

Ansonsten gibt es Softdrinks wie Cola, Limonade, abgepackte Fruchtsäfte, Tee oder Kaffee. Wer auf eine Wüstentour geht, sollte Wasserfilter dabeihaben oder Tabletten, die den gleichen entkeimenden Effekt haben.

Impfungen: In Bahrain und Kuwait besteht kein Malaria-Risiko. Für Reisende, die in die anderen Golfländer wollen, empfiehlt sich vor Reiseantritt, wenn man die Großstädte verlassen will, eine Malaria-Prophylaxe und in allen Golfstaaten eine Schutzimpfung gegen Hepatitis A und Bei Reisen in die VAE an den Hängen und Tälern der Bergkette der nördlichen Emirate kann es zu Malariaübertragung kommen – allerdings nicht in Abu

Kleidung

Die Golfaraber sind gläubige Mohammedaner. Reisende kleiden sich am besten bedeckt (siehe auch »Frauen«). Leichte Sommerkleidung aus Baumwolle ist für das ganze Jahr angebracht. Für kühle Abende und klimatisierte Räume empfiehlt es sich, einen dünnen Pullover oder eine wetterfeste Jacke mitzunehmen.

Klima, Reisezeit

Trockenes Wüstenklima herrscht in **Bahrain**. Es fallen selten Niederschläge und wenn, dann nur in der Zeit von Dezember bis März. Die jährliche Durchschnittstemperatur liegt bei 25 Grad.

Das Sultanat **Oman** ist eines der heißesten Länder der Welt. Um sich vor der Sonne zu schützen, tragen die Omanis weiße Gewänder und Turbane. Für den Norden des Landes ist die beste Reisezeit von Oktober bis April, wenn die Temperaturen nachts mit 15 Grad und tagsüber bis 25 Grad am angenehmsten sind. Ab Mai ist es heiß und feucht. In

Dubai	Temp. max.	Temp. min.	Wassertemp.	Regentage	Sonnenstd.
Januar	24°	14°	22°	1	8
Februar	25°	15°	21°	2	8
März	28°	17°	23°	1	8
April	32°	20°	25°	0	10
Mai	37°	24°	27°	0	11
Juni	39°	26°	30°	0	11
Juli	41°	29°	31°	0	10
August	40°	29°	32°	0	10
September	39°	26°	32°	0	10
Oktober	35°	23°	30°	0	10
November	31°	18°	27°	0	10
Dezember	26°	15°	25°	1	8

Durchschnittswerte   Quelle: Seewetteramt Hamburg

Salala ist es im Sommer mit bis zu 25 Grad kühler. In dieser Region herrscht von Juni bis September Monsun mit häufigem Regen. In *Qatar* ist es heiß und trocken. Während der Sommermonate Mai bis Oktober ist es schwül, es regnet kaum. Im Sommer ist es heiß und trocken in den *VAE*. In einigen Wüstenregionen steigen die Temperaturen im Juli und August bei hoher Luftfeuchtigkeit bis zu 49 Grad. Von Oktober bis Mitte Mai ist es warm und sonnig, abends ist es mild. Von Mai bis September ist es unerträglich heiß und trocken in Kuwait, Qatar und Bahrain. Die Wintermonate sind angenehm mit Temperaturen bis zu 18 Grad, abends ist es kühl bis ziemlich kalt. Im Frühjahr gibt es ab und an Sandstürme.

Literatur

Ein Klassiker ist Wilfred Thesigers »Die Brunnen der Wüste. Mit den Beduinen durch das unbekannte Arabien« (Piper TB). Auf die historische Fährte großer Forscher begibt man sich auch mit Carsten Niebuhrs »Reisebeschreibungen nach Arabien und anderen umliegenden Ländern« (Manesse). »Die Araber vor ihrer Zukunft. Geschichte und Problematik der Verwestlichung«, heißt Arnold Hottingers Buch (Schöningh), das inhaltlich hoch interessant, aber spröde geschrieben ist. Fred Scholz (Hrsg.) stellt in der Reihe »Perthes Länderprofile« stilistisch trocken, aber inhaltsreich und aktuell »Die kleinen Golfstaaten« vor (Klett-Perthes). Wer sich näher für den Islam in seinen regionalen Spielarten und seine jüngere Geschichte interessiert, wird in vier Büchern fündig: R. Schulze: »Geschichte der Islamischen Welt im 20. Jahrhundert« (C. H. Beck) sowie Volker Perthes: »Geheime Gärten – Die neue arabische Welt« (Goldmann). Weniger trocken und sehr spannend ist Essad Beys Propheten-Biographie »Mohammed« (dtv). In wesentliche Bereiche des Islam und in grundsätzliche Beziehungen zwischen Kunst und Religion, ästhetischer und religiöser Erfahrung führt das Werk »Gott ist schön« von Navid Kermani (C. H. Beck). Die unbekannte Welt Arabiens jenseits der Klischees beschreibt der Zeitungsreporter Michael Lüders in »Das Lächeln des Propheten« (Rotbuch). In die Welt der Fantasie entführt die CD »Arabische Märchen«, vorgelesen von Henning Venske (Jumbo Verlag).

Moscheen

»Allahu Akbar, Allahu Akbar« tönt es fünfmal am Tag aus den Lautsprechern: »Gott ist der Größte, Gott ist der Größte.« Der Muezzin ruft die gläubigen Muslims zum Gebet. Am Freitag, dem islamischen Sonntag, treffen sich die gläubigen Männer zum gemeinsamen Gebet in der Moschee. Für die Golfstaaten gilt als Faustregel: Moscheen sind generell auch Nicht-Muslimen zugänglich, allerdings nicht zu den Gebetszeiten.

Nachtleben

Dubai und Bahrain bieten mit Abstand das lebendigste Nachtleben. Diskotheken, Clubs, Bars und Restaurants gibt es zuhauf. Theatervorstellungen aus Europa, meist Musicals und leichte britische Muse, gibt es gelegentlich in den 5-Sterne-Hotels. Auch Rockgruppen aus England treten auf. Auf Radio Bahrain oder in der Broschüre »What's On« werden Theater- und Konzertvorstellungen angekündigt. In Kuwait, Qatar und Oman beschränkt sich das Unterhaltungsangebot auf gemeinsames Abendessen, Kinos, Bars mit Musikdarbietungen.

Post, Telefonieren

Die Briefbeförderung in den Golfstaaten funktioniert reibungslos. Postsendungen können im Hotel oder direkt auf dem Postamt aufgegeben werden. Briefmarken gibt es ebenfalls in Hotels und Supermärkten. DHL, Federal Express u. a. befördern Express Mail; Zustellung in Europa in der Regel zwei bis drei Tage später. In Kuwait gibt es nur vereinzelt Briefkästen. Um eine Briefmarke zu kaufen, steht man manchmal stundenlang am Postamt Schlange. Der reguläre Postweg nach Europa dauert rund sieben bis zehn Tage. Öffnungszeiten: Sa–Mi 7.30 bis 14 Uhr, Do bis 11 Uhr.
Ausgezeichnet ausgebaut ist das Telefonnetz. International AT & T und MCI bieten »local access numbers« an. Hotels erheben auf internationale Gespräche horrende Aufschläge (mit Preisen von bis zu 5 US-$/Minute muss man rechnen). Vorwahlen: Bahrain: 00973, Qatar: 00974, Kuwait: 00965, Oman: 00968, VAE: 00971. Vorwahl nach Deutschland: 0049.

Roaming ist in allen Golfstaaten möglich. Ankommende Anrufe kosten ab 1,50 Euro/Minute, die Minute nach Deutschland zwischen 2 und 3 Euro.
Die Telefonnetze von Bahrain, Kuwait, Qatar und Oman haben nicht alle spezielle Ortsvorwahlen; Telefonnummern ändern sich wegen des Netzausbaues sehr häufig; in der Regel werden dann Ansagen in Englisch und Arabisch geschaltet.
Bahrain und Oman haben Einwahlknoten für AOL und Compuserve; in den Emiraten ist der Zugang durch einen staat-

Arabische Zeichensprache: Dieses hier? ...

lichen Zugang monopolisiert, über die Business Center großer Hotels aber möglich; dasselbe gilt für Kuwait und Qatar.

Saudi-Arabien

Es gibt keine Ausflugsmöglichkeiten (»re-entry visa« vorausgesetzt) nach Saudi-Arabien, ohne vorher ein Visum beantragt und bekommen zu haben. Anders als in den Golfstaaten können saudische Hotels auch nicht als Sponsoren Visa vermitteln. Seit 2000 stellt Saudi-Arabien zwei Monate gültige Touristenvisa aus.

Sicherheit

Der Golf ist eine sichere Region und in den letzten Jahren von inneren politischen Unruhen weitgehend verschont geblieben. Taschendiebe sind rar, denn die Sharia, das islamische Recht, kennt keine Gnade. Auf Drogendelikte steht die Todesstrafe.

... kostet 3 Rial, ...

Beachtet werden sollten die Warnungen des Auswärtigen Amtes vor nicht genau lokalisierten Minenfeldern in der Küstenregion und der Wüste Kuwaits (www.auswaertiges-amt.de).

Souvernirs, Shopping

Gold und Schmuck gibt es in allen Golfstaaten, meist in arabisch verschnörkeltem Dekor. Schwer zu finden sind dagegen Stücke in schlichter, aber eleganter Ausführung. Weit verbreitete Handelsartikel sind handgeknüpfte Teppiche, oft aus Indien und dem Iran. Als beliebte Reisemitbringsel dienen auch die Dalla, die kleinen arabischen Kaffeetassen.

Bahrain: Außer Perlen, die man in Bahrain überall bekommt, kauft man hier Töpferarbeiten und Korbwaren, das meiste von Hand geflochten.

Oman: Nirgendwo ist die Auswahl größer. Sehr hohe Preise werden für die Khanjar, die arabischen Krummdolche, verlangt, die in besserer Ausführung ab 250 US-$ aufwärts kosten. Exemplare mit Rhinozeros-Horn dürfen auf Grund des Washingtoner Artenschutzabkommens nicht nach Europa eingeführt werden. Besonders schön ist im Oman die Verarbeitung von Silber. Wer eine Schwäche für Düfte hat, fährt nicht ohne

Weihrauch, Sandelholz oder ein individuell gemischtes Parfum zurück.

VAE: Shopping in Abu Dhabi und Dubai ist eine Wissenschaft für sich. Klassische arabische Souvenirs bekommt man hier kaum; vieles ist Importware aus Indien und China. Dubai lockt jährlich im März mit einem einmonatigen, global und multimedial beworbenen Shopping

... billiger geht es aber nicht

Festival. Die herabgesetzte Ware ist oft von minderer Qualität, Designerkleidungsstücke sind häufig Ladenhüter, und bei allem, auch bei Elektronikartikeln (Fotoapparate, Kameras, CD-Geräte etc.) muss man bedenken: Die Emirate-Währung ist an den Dollar gekoppelt. Man macht hier kaum ein Schnäppchen, das man nicht auch in Deutschland bekäme. Günstig kauft man noch am ehesten Handys, Computer und Zubehör.

In den Souks Arabiens gehört es dazu, einen Preisnachlass von 10 bis 30 Prozent herauszuschlagen; in den glitzernden Shopping Malls wird nicht gefeilscht. Dennoch sollte man auch hier nach Discounts fragen. Bei Elektronikartikeln sind die Rabatte gering. Barzahler erhalten bis zu fünf Prozent Preisnachlass; der Wink mit der Kreditkarte kann hilfreich sein.

Sport/Baden

Alle großen Hotels bieten reichlich Sportmöglichkeiten, wie Tennis, Squash und Fitness-Studios. Pools sind eine

Selbstverständlichkeit, und an Hotelstränden wird man die üblichen Wassersportmöglichkeiten finden: vom Jet-Ski bis zum Tauchen und Surfen, falls man sich in geeigneten Revieren befindet.

Seit 1993 wird in Qatar jedes Jahr im Januar ein ATP-Tennisturnier ausgetragen. Spannende Kamel- und Pferderennen sind Klassiker, ebenso wie Sand-Skiing und Sandboarding oder Fahrten mit dem Jeep durch die Wüste. Eine Attraktion am Golf ist der Doha Golf Club, Austragungsort des PGA-Tournaments »Qatar Masters«, ein 18-Loch Par 72 Course. Absoluter Hit aller Wettkämpfe sind aber die Formel-1-Rennen in Bahrain.

Sprache

Die Landessprache im Golf ist Arabisch. In der Geschäftswelt ist Englisch durchgängig verbreitet. Polizisten, Taxifahrer, Verkäufer im Souk und der Großteil der Bevölkerung, vor allem in kleineren Städten und auf dem Land, sprechen und verstehen nur Arabisch. Verkehrsschilder sind meist in Arabisch und Englisch. Von Nutzen kann sein, wenn man zumindest die Ziffern lesen kann. Besonders Individual-Urlauber sollten sich ein bescheidenes Reisevokabular aneignen.

Begrüßung, Höflichkeit und Abschied:

Guten Morgen	sabah al kheir
Guten Tag	assalamu aleikum
Guten Abend	mis'ha el kheir
Danke	schukran
Bitte (weiblich)	min fadlik
Bitte (männlich)	min fadlak
Dame	marra
Herr	rigal

Die wichtigsten Fragen und Bitten:

Wie viel kostet das?	Bikam hezi?
Das ist sehr teuer	Ghali giddan
Ich habe nichts	mafi/Mafish
Ich möchte (weiblich)	ashti
Ich möchte (männlich)	ashta
Ja	naam
Nein	la

Hotel, Restaurant:

Wasser	maq
Tee	shay
Kaffee	qahwa
Milch	halib
Zucker	sukkar
Früchte	fakha
Fleisch	lahm
Gemüse	khudrar
Fisch	samak
Brot	khobz

Geld	filus
bezahlen	idfaa

Unterwegs:

Hafen	mina
Schiff	bakhira
Flughafen	matar
Flugzeug	tayyara
Auto	sayara
Autobus	bas
Platz	midan
Straße	sharia

Wichtige Gebäude, Orte:

Museum	mathaf
Hotel	funduk
Zimmer	ghurfa
Postamt	maktab al Barid
Telefonamt	maktab al telefon

Ortsbestimmungen:

Links	shimal
Rechts	yimin
Geradeaus	ala'toul
Oben	fooq
Unten	that

Wochentage:

Samstag	yom as-sabt
Sonntag	yom al-had
Montag	yom al-ithnain
Dienstag	yom ath-thalath
Mittwoch	yom al-arbaa
Donnerstag	yom al-khamis
Freitag	yom ad-djum'aa

Zeit:

Heute	alyom
Morgen	bukra
Gestern	ams

Zahlen:

Eins	wahit
Zwei	itnain
Drei	thalatha
Vier	arba'a
Fünf	khamsa
Sechs	sitta
Sieben	sab'a
Acht	thamanya
Neun	tis'a
Zehn	ashara
Zwanzig	ashriin
Dreißig	thalatiin
Vierzig	arbaiin
Fünfzig	khamsiin
Sechzig	sitiin
Siebzig	sab'iin
Achtzig	thimanin
Neunzig	tis'iin
Hundert	miyya
Zweihundert	miyyatain
Dreihundert	talaa-miyya
Vierhundert	arba'-miyya
Fünfhundert	chams-miyya
Tausend	alf

Trinkgeld

Ein Trinkgeld in Höhe von 10–15 Prozent des Rechnungsbetrages wird erwartet.

Unterkunft

Sogar die günstigsten Hotelunterkünfte sind mit Klimaanlage und heißem Wasser ausgestattet. Rucksackreisende werden es schwer haben, billig unterzukommen. Bahrain und die VAE verfügen über Jugendherbergen (nur mit Studentenausweis). Unter freiem Himmel kann man im Oman übernachten. Dabei sollte man die Nähe von Dörfern meiden und keinen Alkohol trinken. In den VAE gibt es keine Campingplätze, gewöhnlich fährt man einfach in die Wüste.

Verkehrsmittel

Bahrain: Bus: Busse sind im Stadtverkehr und über längere Strecken hinweg die gebräuchlichsten Transportmittel. Busstation in Manama: Government Ave. zwischen dem »Delmon« und »Tylos Hotel«. Alle Stadt- und Überlandlinien verkehren 5.30/6.30–19.30/21.30 Uhr im 40–60-Minuten-Takt.
Taxis und Sammeltaxis: Sammeltaxis sind viel zu teuer. Taxis sind mit einem Zähler ausgerüstet, trotzdem sollte man vor der Abfahrt den Preis mit dem Fahrer aushandeln. Leihwagen: Bahrain ist das einzige Land im Golf, wo man einen Internationalen Führerschein vorweisen muss. Autovermieter: Thrifty Rent-a-Car, Manama, Zubarah Ave., Tel. 03-801100; Avis, Manama, Diplomatic Area, Tel. 17531144; Budget, Bahrain Commercial Complex, Tel. 17534100.
Kuwait: Busse sind günstig und bequem. Das Streckennetz ist gut ausgebaut. Außer in die Innenstadt gibt es Verbindungen nach al-Gahra, al-Ahmadi, al-Fuhaihil und

einige andere Städte außerhalb von Kuwait-City. Tickets stellt der Fahrer aus. Busstation: al-Hilali und Abdullah-Al-Mubarak-Straße. Taxis sind sehr teuer, sobald es aus Kuwait-City hinausgeht. Es lohnt sich schon fast, ein Auto zu mieten. Sammeltaxis gibt es nicht. Taxistation: al-Hilali-Straße. Leihwagen: In keinem Golfland sind Leihwagen teurer als in Kuwait. Avis, Qibla Bldg., Tel. 2453827; Europcar, Shuwaikh-Industriegebiet, Tel. 4842988.
Oman: Flugzeug: Die staatliche Oman Airways fliegt zweimal täglich zwischen Muscat und Salala (255 US-$ Rückflug-Ticket). Zusätzlich gibt es vier Flüge wöchentlich nach al-Hasab, zwei mit Zwischenstopp in Diba (130 US-$ Rückflug-Ticket).
Bus: Es empfiehlt sich, ein bis zwei Tage vor Fahrtantritt das Ticket nach Salala zu kaufen. Außerhalb von Muscat und Salala gibt es keine Busstationen. Die Busse halten, wenn eine Person vor einem Busschild steht. Busstation Muscat, Al-Jaame-Straße, Ruwi.
Taxis und Kleinbusse sind die gebräuchlichsten Verkehrsmittel im Oman. Die Taxis sind orange oder weiß, die Busse weiß. Die Fahrer warten nicht, bis alle Sitzplätze besetzt sind, sondern fahren einfach nach Gutdünken los. Man muss viel Geduld mitbringen, die Fahrer trödeln gern und stoppen häufig, um Fahrgäste auf der Straße aufzulesen. Dafür ist dieses Transportmittel recht preiswert. Leihwagen sind relativ teuer. Nationale und internationale Führerscheine werden anerkannt. Vermieter in Muscat: u. a. Avis, Tel. 00968-24696596; Budget, Tel. 24510816; Europcar, Tel. 24521369; Hertz, Tel. 566208 (alle Nummern rund um die Uhr besetzt).
Qatar: Taxis und Leihwagen sind die einzige Möglichkeit, um sich in Qatar zu bewegen. Bevor man ins Taxi steigt, sollte man den Preis aushandeln. Um ein Auto zu mieten, reicht der nationale Führerschein. Nach sieben Tagen muss man zur Verkehrspolizei, um einen vor-

Abenteuer Orient: mit dem Jeep durch Wüsten, Dünen und Berge

übergehenden Führerschein ausgestellt zu bekommen. Dazu benötigt man den Brief des Sponsors, zwei Passbilder und 50 QAR. Die meisten großen Autovermieter erledigen diese Formalität für eine geringe Gebühr. Autovermieter: Avis, Tel. 4444167.

VAE: Sammeltaxis oder Kleinbusse verbinden die einzelnen Emirate miteinander. Erst wenn kein Sitzplatz mehr frei ist, fährt der Fahrer los. Sieben Leute passen in das Taxi, es gibt Autos mit fünf oder neun Sitzplätzen. Die Kleinbusse nehmen bis zu 14 Fahrgäste auf. Der Fahrpreis wird vor Fahrtantritt ausgehandelt. Will man das Taxi allein benutzen, zahlt man einfach alle Plätze. Leihwagen sind nur in den VAE versichert.

Linienbusverbindungen gibt es nur innerhalb der jeweiligen Emirate. Bus Nr. 901 fährt vom Busterminal zum Flughafen alle 20 Minuten zwischen 6 und 24 Uhr. In Dubai bedienen Bus Nr. 4 und 11 ab Hauptstation den Flughafen etwa alle halbe Stunde.

Autovermieter: Abu Dhabi Avis Rent-a-Car, Abu Dhabi, Tel. 02-6232760; Budget Dubai, Tel. 3198733; Europcar, Tel. 6261441; Thrifty Dubai, Tel. 2245404. Bei den Vermietern wird eine »Temporary Visitor's Licence« ausgestellt (zwei Passbilder, Reisepass, Führerschein).

Zeittafel

Ab 5. Jt. v. Chr.
Erste Siedlungen nahe der Golfküste.

3. Jt. v. Chr.
Bahrains Dilmun-Imperium kontrolliert den zentralen und nördlichen Teil des Golfs. Es entstehen wichtige Siedlungen auf Umm An-Nar (nahe Abu Dhabi) und in der Buraimi-Oase. Sie werden beeinflusst durch Mesopotamien.

Bis 323 v. Chr.
Das westliche Arabien erlebt seine Blütezeit durch den Weihrauchhandel.

Ab 100 v. Chr.–100 n. Chr.
Die Nabatäer beherrschen den Nordwesten Arabiens. Ihr Wohlstand stammt aus Steuern, die sie den Karawanen auf der Weihrauchstraße auferlegen.

Bis 3. Jh. n. Chr.
Das Küstengebiet gerät unter die Oberherrschaft der Perser.

Ab 628
Der Islam breitet sich auf der Arabischen Halbinsel aus und wird nach dem Tod des Propheten Mohammed unter seinem Nachfolger, dem Kalifen Abu Bakr, Teil eines einheitlichen Staates, der fast die gesamte Arabische Halbinsel umfasst.

Ab 661
Das Gebiet der VAE und Bahrain untersteht der Ummayiden-Dynastie.

Bilderbuch-Festung Barka im Oman

9. Jh.
Die Ibadhis gründen im Innern des Sultanats Oman ein Reich mit einem gewählten Imam. Hauptstadt ist Nizwa.

Ab 1507
Die Portugiesen erobern die Ostküste der Arabischen Halbinsel.

Anfang des 17. Jh.
Die persischen Safawiden vertreiben die Portugiesen entlang der Ostküste.

Ab 1820
Den ständigen Übergriffen der Osmanen und der Perser ausgesetzt, unterzeichnet der Sheikh von Bahrain mit der British East India Company, Haupthandelsmacht im Indischen Ozean, einen Schutzvertrag.

1932
Das Emirat Bahrain beginnt als erster Golfstaat mit der Erdölförderung. Das bringt dem Land immensen Wohlstand.

Ab 1968
Großbritannien räumt seine Stützpunkte.

1971
Bahrain wird unabhängig. Die Scheichtümer schließen sich zu den Vereinigten Arabischen Emiraten (VAE) zusammen.

Oktober 1973
Nach dem Oktoberkrieg boykottieren die arabischen Öllieferanten Amerika und Europa, die Israel unterstützen.

Mai 1981
Kuwait, Bahrain, Qatar, Oman und VAE beteiligen sich an der Gründung des Golfrates Gulf Cooperation Council (GCC), der Wirtschaft und Verteidigung in der Region koordinieren soll.

August 1990
Kuwait von irakischen Truppen besetzt.

17. Januar 1991
Truppen aus 24 westlichen und arabischen Staaten befreien unter US-Führung Kuwait. Während des Rückzuges zerstören die Iraker 80 Prozent der Erdölförder- und Ölverarbeitungsanlagen.

1994
Qatar unterzeichnet einen Wirtschaftsvertrag mit Israel.

1996
Oman und Qatar nehmen offizielle Handelsbeziehungen mit Israel auf; Israel eröffnet Handelsvertretungen in Muscat und Doha, Oman und Qatar in Tel Aviv.

1999
Der Luxus-Tourismus in die VAE boomt. Dubai gilt als eines der bedeutendsten Handels- und Finanzzentren Vorderasiens.

2000
Die GCC-Länder planen, die Golfregion in eine Wirtschaftsunion ohne Zölle zu verwandeln.

März 2003
Beginn des Golfkrieges gegen den Irak.

April 2004
Erstes Formel-1-Rennen in Bahrain.

Mai/Juni 2005
Kuwait führt das Frauenwahlrecht ein. Qatar gibt sich eine Verfassung, die die Gleichheit von Mann und Frau festschreibt.

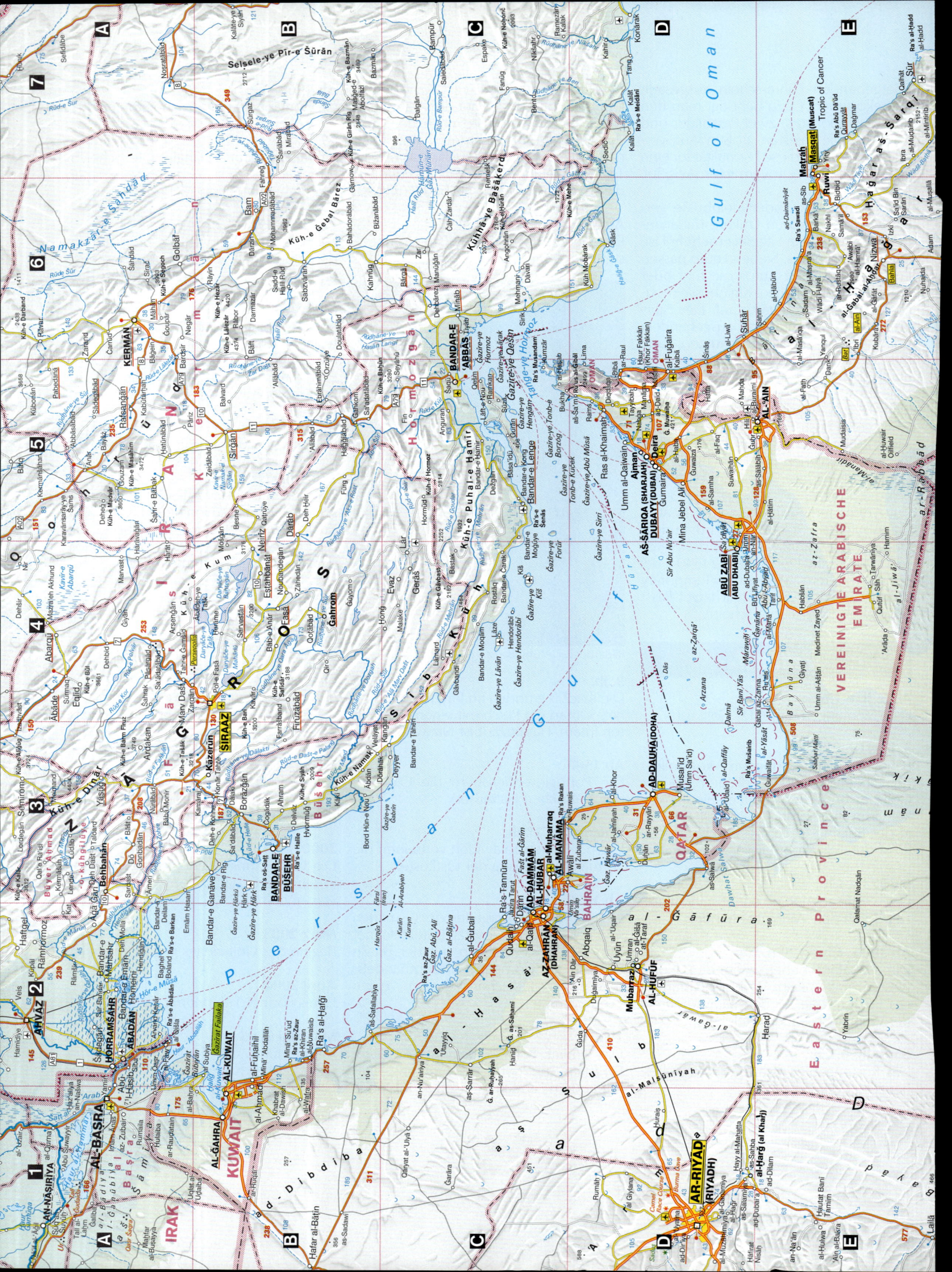

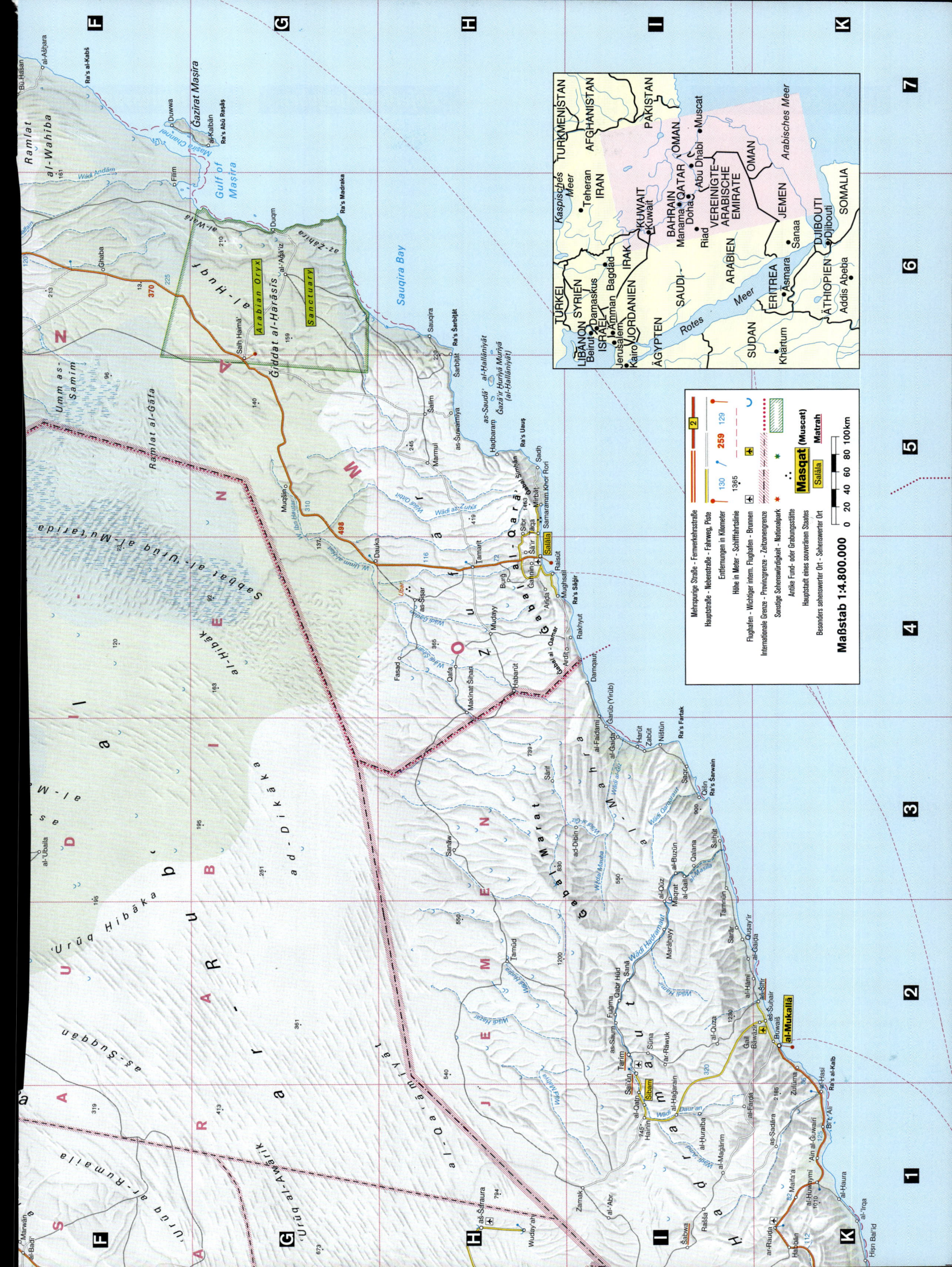

Register

Lieferbare Ausgaben

Impressum

2. aktualisierte Auflage 2006
Verlag:
HB Verlag, Marco-Polo-Zentrum, 73760 Ostfildern, Postfach 3151, 73751 Ostfildern, Tel. 0711/45 02-0, Telefax 0711/45 02-135, www.hb-verlag.de, info@bildatlas.de
Geschäftsführer:
Dr. Thomas Brinkmann,
Dr. Stephanie Mair-Huydts
© HB Verlag, 2006, für den gesamten Inhalt, soweit nicht anders angegeben.

Chefredaktion und Programmleitung:
Rainer Eisenschmid, Birgit Borowski
Redaktion:
Jörg Gensel, Hamburg

Text: Michel Rauch, Hamburg
Fotografie: Markus Heimbach, Hamburg

Grafische Gestaltung:
Gerhard Keim, Frankfurt/Main
Karten:
© MAIRDUMONT GmbH & Co. KG, Ostfildern

Für die Richtigkeit der in diesem HB Bildatlas Special angegebenen Daten – Adressen, Öffnungszeiten, Telefonnummern usw. – kann der Verlag keine Garantie übernehmen.
Nachdruck, auch auszugsweise, nur mit ausdrücklicher Genehmigung des Verlages.

HB Bildatlas Special Fotoservice:
HB-Verlag, Marco-Polo-Zentrum, 73760 Ostfildern,
Tel. 07 11/45 02 - 266, Fax 07 11/45 02 - 10 06, a.nebel@mairdumont.com

Vertrieb Zeitschriftenhandel:
Partner Pressevertrieb GmbH, Postfach 810420, 70521 Stuttgart, Telefon 07 11/72 52 - 227, Telefax 07 11/72 52 - 310
Vertrieb Abonnement:
Zenit Pressevertrieb GmbH, Postfach 810640, 70523 Stuttgart, Telefon 07 11/72 52 -265, Telefax 07 11/72 52 - 333, hbverlag@zenit-presse.de
Vertrieb Buchhandel und Einzelhefte:
MAIRDUMONT GmbH & Co. KG, Marco-Polo-Zentrum, 73760 Ostfildern, Telefon 07 11/45 02-0, Telefax 07 11/45 02 - 340

Anzeigenalleinverkauf:
KV Kommunalverlag GmbH & Co. KG, MediaCenterMünchen, Postfach 810565, 81905 München,
Telefon 089/92 80 96 - 44 oder -52, Telefax 089/92 80 96 - 62 kramer@kommunal-verlag.de, www.mediacentermuenchen.de

Reproduktionen:
Otterbach Medien KG GmbH & Co., Rastatt
Druck und buchbinderische Verarbeitung:
Echter Druck GmbH, Würzburg
Printed in Germany

Titel: Abu Dhabi, Moschee vor der Chamber of Commerce